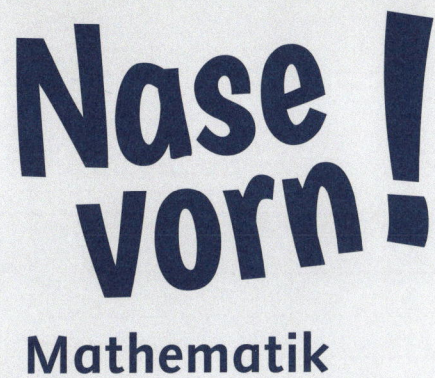

Nase vorn!

Mathematik

3A

Arbeitsheft

Erarbeitet von

Alexandra Freytag

Anna Harrich-Voßen

Gesa Hochscherff

Uwe Nienhaus

Anna Pöllinger-Miebach

Illustriert von

Friederike Ablang

Antje Hagemann

Josephine Wolff

Cornelsen

Inhalt

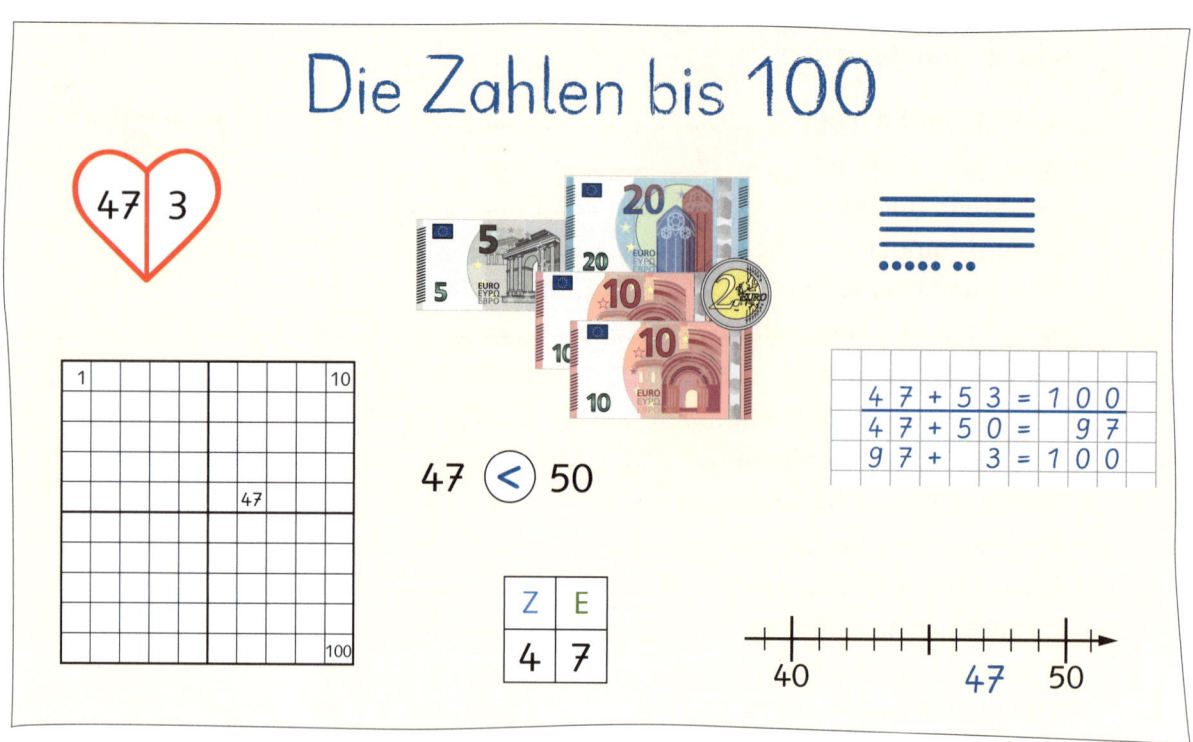

Die Zahlen bis 100

1 Das Hunderterfeld.

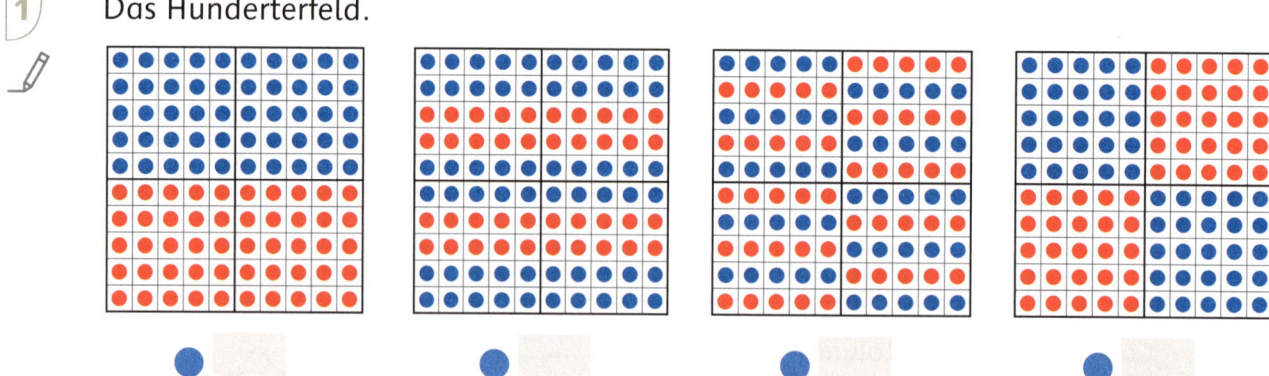

2 Zehner und Einer.

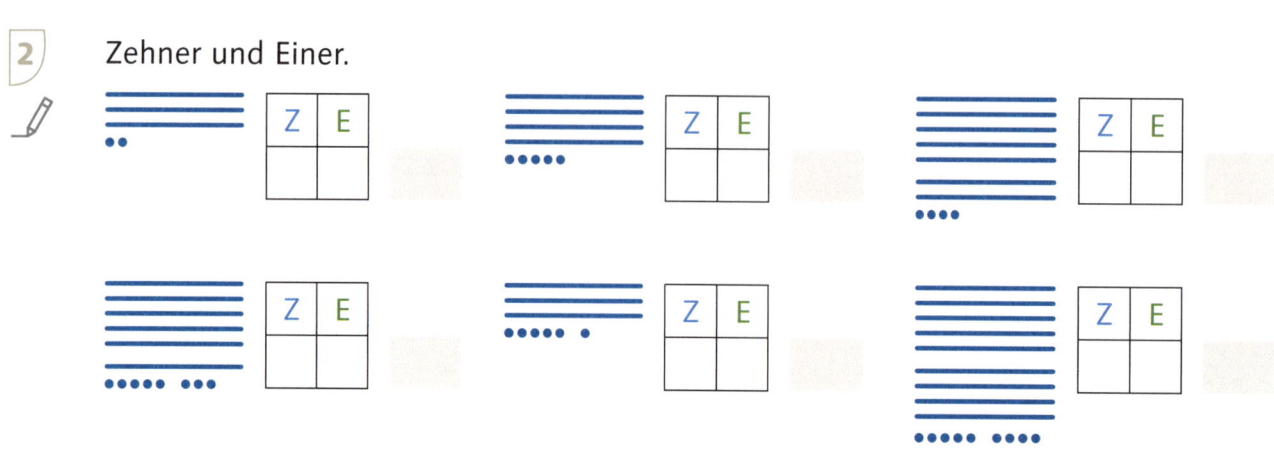

3 Kleiner, größer, gleich.

20 ⬤ 19	35 ⬤ 37	62 ⬤ 26	31 = ▢	89 = ▢
12 ⬤ 14	50 ⬤ 63	81 ⬤ 18	▢ < 71	▢ > 93
0 ⬤ 16	47 ⬤ 47	98 ⬤ 100	99 < ▢	64 > ▢
4 ⬤ 16	51 ⬤ 15	97 ⬤ 97	73 < ▢	▢ > 88
14 ⬤ 44	18 ⬤ 28	83 ⬤ 79	▢ < 73	64 < ▢

4 Ausschnitte aus der Hundertertafel.

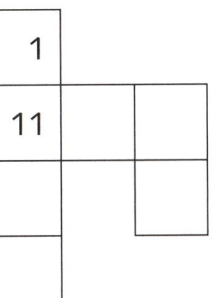
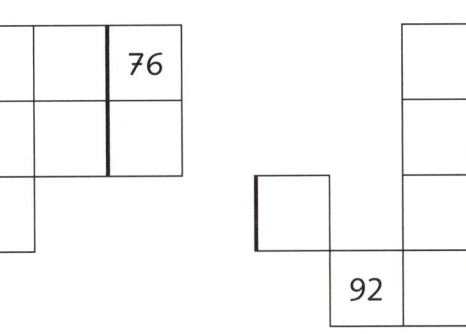

5 Der Zahlenstrahl.

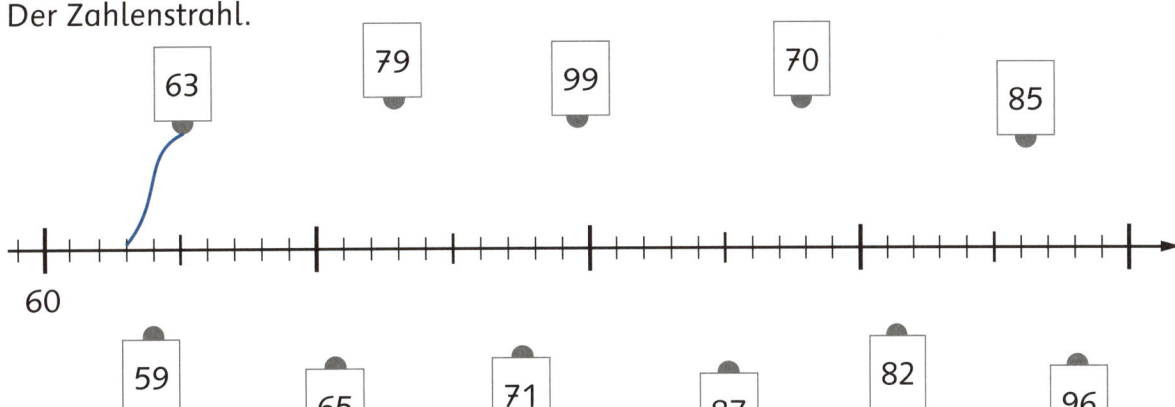

6 Zeichne eigene Zahlenstrahlen mit Lineal und beschrifte diese.

7 Nachbarzahlen und Nachbarzehner.

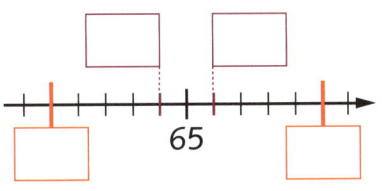

> Die Nachbarzehner einer Zahl sind der Zehner davor und der Zehner danach.

Addition bis 100

Riesen und Zwerge	Verliebt in den Zehner	Aufgaben mit 10 helfen	Stellenweise addieren	Schrittweise addieren	Hilfsaufgabe
			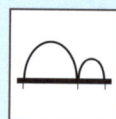		
32 + 4	38 + 4	23 + 9	24 + 33 =	49 + 25 =	23 + 29
2 + 4	38 + 2 + 2	23 + 10 – 1	20 + 30 = 50	49 + 20 = 69	23 + 30 – 1
		23 + 11	4 + 3 = 7	69 + 5 = 74	
		23 + 10 + 1	50 + 7 = 57		

1

14 + 4 = ___   53 + 6 = ___   72 + 7 = ___

= ___   = ___   = ___

24 + 5 = ___   63 + 4 = ___   82 + 6 = ___

= ___   = ___   = ___

2

28 + 5 = ___   36 + 7 = ___   54 + 8 = ___

= ___   = ___   = ___

18 + 6 = ___   47 + 8 = ___   64 + 7 = ___

= ___   = ___   = ___

3

32 + 9 = ___   16 + 9 = ___   82 + 9 = ___

= ___   = ___   = ___

4   Wie rechnest du?

	a)	b)	c)	d)	e)
	38 + 5	56 + 9	15 + 4	24 + 9	59 + 6
	57 + 6	27 + 4	64 + 9	18 + 6	64 + 7
	72 + 9	35 + 8	23 + 9	44 + 4	79 + 8
	45 + 8	18 + 5	85 + 6	16 + 6	66 + 6
	53 + 6	49 + 8	62 + 2	77 + 7	97 + 1

5   Findet eigene Aufgaben zu den Rechenwegen.

6

a) 15 + 44
52 + 11
27 + 32
66 + 23
18 + 51
36 + 53

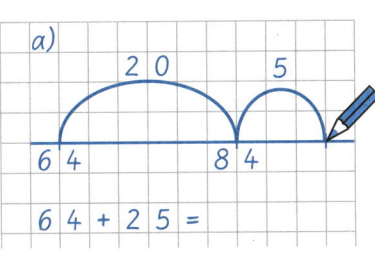

a)
```
1 5 + 4 4 =
1 0 + 4 0 = 5 0
   5 +    4 =    9
5 0 +    9 =
```

b) 56 + 54
27 + 31
35 + 38
18 + 58
67 + 24
16 + 77

c) 36 + 18
54 + 26
81 + 17
26 + 66
25 + 56
73 + 18

7

a) 65 + 24
74 + 19
83 + 12
25 + 34
37 + 42
25 + 53

a)
```
6 5 + 2 4 =
6 5 + 2 0 = 8 5
8 5 +    4 =
```

b) 23 + 49
13 + 28
47 + 38
56 + 38
68 + 23
17 + 76

c) 76 + 19
33 + 51
84 + 13
75 + 16
24 + 57
72 + 19

8

a) 64 + 25
73 + 18
81 + 14
26 + 33
34 + 44
21 + 56

a)
```
        2 0        5

  6 4          8 4

6 4 + 2 5 =
```

b) 21 + 47
12 + 29
46 + 39
55 + 29
69 + 24
18 + 77

c) 75 + 18
32 + 52
81 + 19
84 + 16
22 + 59
65 + 17

9 Rechne erst die Hilfsaufgabe.

24 + 19 =   46 + 29 =   35 + 39 =   53 + 29 =

24 + 20 =   46 + 30 =   35 + 40 =   53 + 30 =

35 + 49 =   57 + 19 =   33 + 29 =   42 + 29 =

35 + 50 =   57 + 20 =   33 + 30 =   42 + 30 =

10

a) 22 + 29
39 + 49
47 + 39
48 + 29
24 + 19
31 + 29

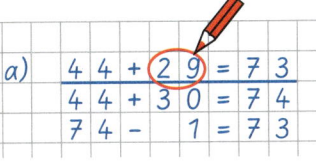

a)
```
4 4 + 2 9 = 7 3
4 4 + 3 0 = 7 4
7 4 -    1 = 7 3
```

b) 44 + 29
53 + 19
79 + 16
69 + 27
39 + 22
36 + 29

c) 51 + 19
17 + 59
29 + 34
39 + 35
49 + 23
32 + 59

11   Welcher Rechenweg hilft dir bei $\boxed{57 + 39}$?

1 Welche Aufgaben fallen dir leicht? Löse im Kopf und schreibe das Ergebnis.

40 + 20 =	60 + 18 =	27 + 20 =	23 + 42 =
50 + 30 =	28 + 40 =	52 + 30 =	32 + 19 =
70 + 20 =	50 + 37 =	46 + 30 =	72 + 7 =
10 + 90 =	32 + 50 =	80 + 17 =	54 + 6 =
37 + 15 =	49 + 27 =	21 + 18 =	52 + 27 =
16 + 11 =	53 + 30 =	19 + 25 =	61 + 9 =
48 + 46 =	66 + 28 =	74 + 8 =	36 + 18 =
27 + 14 =	32 + 9 =	45 + 7 =	63 + 19 =

2 Löse die schwierigen Aufgaben von **1** im Heft und schreibe deinen Rechenweg.

   ?

2 3 + 4 2 =	
2 0 + 4 0 =	Z+Z
3 + 2 =	E+E

3

a)
| 2 6 + 5 3 = 7 3 |
| 2 0 + 5 0 = 7 0 |
| 7 0 + 3 = 7 3 |

b)
| 3 3 + 1 9 = 5 4 |
| 3 3 + 2 0 = 5 3 |
| 5 3 + 1 = 5 4 |

c)
| 4 6 + 2 8 = 7 4 |
| 4 0 + 2 0 = 6 0 |
| 6 + 8 = 1 4 |
| 6 0 + 1 4 = 7 4 |

d)
| 2 7 + 3 4 = 4 1 |
| 2 0 + 3 0 = 3 0 |
| 7 + 4 = 1 1 |

e)
| 4 3 + 2 9 = 7 2 |
| 4 3 + 3 0 = 7 3 |
| 7 3 − 1 = 7 2 |

f)
| 7 3 + 2 2 = 9 6 |
| 7 0 + 2 0 = 9 0 |
| 3 + 3 = 6 |
| 9 0 + 6 = 9 6 |

g)
| 3 7 + 5 1 = 7 8 |
| 3 7 + 5 0 = 7 7 |
| 7 7 + 1 = 7 8 |

h)
| 2 8 + 4 9 = 6 7 |
| 2 8 + 5 0 = 6 8 |
| 6 8 − 1 = 6 7 |

i)
| 4 8 + 2 3 = 7 2 |
| 4 0 + 2 0 = 6 0 |
| 8 + 3 = 1 2 |
| 6 0 + 1 2 = 7 2 |

j)
| 2 5 + 1 4 = 4 3 |
| 2 5 + 4 = 2 9 |
| 2 9 + 1 4 = 4 3 |

k)
| 1 9 + 3 3 = 5 2 |
| 1 9 + 3 0 = 4 9 |
| 4 9 + 3 = 5 2 |

l)
| 6 6 + 2 4 = 8 4 |
| 6 0 + 2 0 = 8 0 |
| 8 0 + 4 = 8 4 |

m)
| 4 7 + 5 4 = 1 0 1 |
| 4 7 + 5 0 = 9 7 |
| 9 7 + 4 = 1 0 1 |

n)
| 2 9 + 3 1 = 6 0 |
| 3 0 + 3 0 = 6 0 |

o)
| 6 6 + 4 4 = 1 1 0 |
| 6 0 + 4 0 = 1 0 0 |
| 6 + 4 = 1 0 |
| 1 0 0 + 1 0 = 1 1 0 |

3. Aufgaben prüfen und ggf. im Heft korrekt notieren.

4 Rechne erst die einfache Aufgabe.

a) 46 + 29
46 + 30
46 + 31

a)	4	6	+	2	9	=		
	4	6	+	3	0	=	7	6
	4	6	+	3	1	=		

b) 25 + 50
25 + 52
25 + 53

c) 50 + 37
50 + 36
50 + 35

d) 30 + 60
30 + 63
30 + 67

e) 51 + 12
51 + 10
51 + 11

f) 27 + 19
27 + 20
27 + 21

g) 54 + 20
54 + 22
54 + 24

h) 60 + 40
60 + 39
60 + 41

i) 45 + 21
45 + 23
45 + 20

5 35 + 27   Welchen Rechenweg hat Ella gewählt?

Z+Z
E+E ☐

 ☐

⬤ ☐

Zur Zahl 35 addiere ich zunächst 2 Zehner. Ich erhalte 55.

Dann addiere ich 7 Einer. Die Summe ist 62.

54 + 22   Welchen Rechenweg hat Noa gewählt?

Z+Z
E+E ☐

 ☐

⬤ ☐

Ich addiere zuerst die Zehner und erhalte 70.

Dann addiere ich die beiden Einer und erhalte 6.

Zuletzt addiere ich die beiden Summen und erhalte 76.

42 + 29   Welchen Rechenweg hat Amari gewählt?

Z+Z
E+E ☐

 ☐

⬤ ☐

Zuerst ändere ich den 2. Summanden in ganze Zehner und erhalte 30.

Dann addiere ich die 3 Zehner zum 1. Summanden und erhalte 72.

Zuletzt subtrahiere ich 1 Einer und erhalte 71.

6 Welche Zahlenkarten passen?   16   48   53   24   19   35

☐ + ☐ = 69   ☐ + ☐ = 72   ☐ + ☐ = 67

☐ + ☐ = 54   ☐ + ☐ = 59   ☐ + ☐ = 101

---

5. Den jeweiligen Rechenweg ankreuzen und die Rechnung ins Heft notieren.

Riesen und Zwerge	Verliebt in den Zehner	Aufgaben mit 10 helfen	Stellenweise subtrahieren	Schrittweise subtrahieren	Hilfsaufgabe
		+/− 10	Z−Z E−E	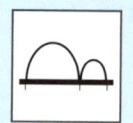	
36 − 4	32 − 7	36 − 9	67 − 24 =	48 − 25 =	54 − 29
6 − 4	32 − 2 − 5	36 − 10 + 1	60 − 20 = 40	48 − 20 = 28	54 − 30 + 1
		36 − 11	7 − 4 = 3	28 − 5 = 23	
		36 − 10 − 1	40 + 3 = 43		

1

38 − 7 =   57 − 3 =   79 − 4 =

=   =   =

26 − 5 =   63 − 3 =   89 − 6 =

=   =   =

2

66 − 8 =   93 − 7 =   81 − 5 =

=   =   =

73 − 5 =   84 − 7 =   91 − 8 =

=   =   =

3 +/− 10

90 − 9 =   26 − 9 =   82 − 9 =

=   =   =

4   Wie rechnest du?

a)	b)	c)	d)	e)
32 − 6	58 − 9	17 − 4	25 − 6	101 − 6
55 − 3	26 − 4	83 − 9	88 − 9	99 − 7
78 − 9	62 − 7	22 − 9	19 − 6	93 − 6
45 − 8	34 − 8	54 − 6	64 − 7	39 − 9
46 − 6	32 − 7	66 − 8	79 − 1	81 − 8

5   Findet eigene Aufgaben zu den Rechenwegen.

6

a)
57 – 25
77 – 23
61 – 30
99 – 24
49 – 35
65 – 24

a)
```
5 7 – 2 5 =
5 0 – 2 0 = 3 0
    7 –   5 =   2
3 0 +   2 =
```

b)
64 – 22
87 – 67
95 – 93
76 – 31
58 – 16
47 – 36

c)
73 – 21
88 – 67
93 – 12
74 – 63
83 – 62
92 – 81

7

a)
66 – 52
84 – 32
79 – 24
71 – 48
50 – 35
55 – 22

a)
```
6 6 – 5 2 =
6 6 – 5 0 = 1 6
1 6 –     2 =
```

b)
86 – 68
73 – 57
51 – 18
85 – 37
58 – 29
42 – 26

c)
89 – 73
24 – 19
86 – 29
32 – 14
37 – 19
85 – 66

8

a)
64 – 51
85 – 33
81 – 26
69 – 49
48 – 32
66 – 22

a)
```
         5 0
    1
      1 4        6 4
6 4 – 5 1 =
```

b)
84 – 67
71 – 58
49 – 21
81 – 26
57 – 18
46 – 37

c)
87 – 71
26 – 17
88 – 29
31 – 13
84 – 67
93 – 45

9 Rechne erst die Hilfsaufgabe.

| 37 – 29 = | 56 – 19 = | 68 – 39 = | 48 – 19 = |
| 37 – 30 = | 56 – 20 = | 68 – 40 = | 48 – 20 = |

| 47 – 19 = | 66 – 29 = | 58 – 49 = | 88 – 39 = |
| 47 – 20 = | 66 – 30 = | 58 – 50 = | 88 – 40 = |

10

a)
67 – 19
53 – 39
77 – 9
88 – 9
67 – 49
54 – 39

a)
```
6 7 – 1 9 =
6 7 – 2 0 = 4 7
4 7 +   1 =
```

b)
28 – 19
32 – 29
87 – 39
56 – 29
89 – 25
79 – 33

c)
71 – 19
94 – 59
56 – 39
65 – 19
49 – 12
59 – 28

11 Welcher Rechenweg hilft dir bei $\boxed{57 – 39}$?

Subtraktion bis 100

 1 Welche Aufgaben fallen dir leicht? Löse im Kopf und schreibe das Ergebnis.

42 – 21 =	35 – 17 =	48 – 20 =	29 – 18 =
32 – 19 =	66 – 11 =	53 – 32 =	74 – 25 =
79 – 7 =	96 – 44 =	61 – 27 =	84 – 8 =
54 – 4 =	27 – 24 =	32 – 9 =	47 – 5 =
57 – 22 =	60 – 20 =	68 – 10 =	83 – 60 =
41 – 9 =	50 – 30 =	24 – 10 =	94 – 70 =
36 – 19 =	70 – 40 =	57 – 30 =	46 – 20 =
93 – 56 =	90 – 50 =	52 – 20 =	72 – 50 =

2 Löse die schwierigen Aufgaben von **1** im Heft und schreibe deinen Rechenweg.

    ?

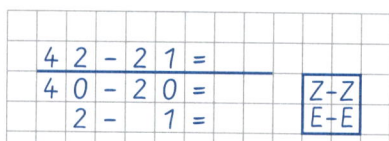

```
4 2 - 2 1 =
4 0 - 2 0 =        Z-Z
  2 -   1 =        E-E
```

3 oder  ?

a)
```
4 3 - 2 5 = 1 8
4 3 - 2 0 = 2 3
2 3 -   5 = 1 8
```

b)
```
6 0 - 3 7 = 3 7
6 0 - 3 0 = 3 0
  0 -   7 =   7
```

c)
```
3 9 - 1 9 = 1 8
3 9 - 2 0 = 1 9
  9 -   1 = 1 8
```

d)
```
5 2 - 2 6 = 1 9
5 2 - 2 0 = 3 2
3 2 -   6 = 1 9
```

e)
```
6 3 - 2 7 = 6 4
6 0 - 2 0 = 5 0
  3 -   7 = - 4
```

f)
```
5 9 - 2 9 = 2 8
6 0 - 3 0 = 3 0
3 0 -   2 = 2 8
```

g)
```
4 8 - 3 9 =   9
4 8 - 3 0 = 1 8
1 8 -   9 =   9
```

h)
```
7 2 - 5 5 = 2 3
7 0 - 5 0 = 2 0
  2 -   5 =   3
2 0 +   3 = 2 3
```

i)
```
5 8 - 2 7 = 3 1
5 0 - 2 0 = 3 0
  8 -   7 =   1
3 0 +   1 = 3 1
```

j)
```
9 8 - 3 3 = 5 5
9 0 - 3 0 = 6 0
  8 -   3 =   5
6 0 -   5 = 5 5
```

k)
```
5 9 - 3 1 = 3 0
6 0 - 3 0 = 3 0
```

l)
```
7 3 - 2 5 = 4 9
7 3 - 2 0 = 5 3
5 3 -   5 = 4 9
```

m)
```
7 4 - 6 8 = 1 0
7 4 - 6 0 = 1 4
1 4 -   4 = 1 0
```

n)
```
5 6 - 2 7 = 1 9
5 0 - 3 0 = 2 0
  6 -   7 = - 1
2 0 -   1 = 1 9
```

o)
```
6 4 - 3 9 = 2 6
6 0 - 3 0 = 3 0
  4 -   9 = - 4
3 0 -   4 = 2 6
```

3. Aufgaben prüfen und ggf. im Heft korrekt notieren.

4 Rechne erst die einfache Aufgabe.

a) 46 – 29
46 – 30
46 – 31

a)	4	6	–	2	9	=		
	4	6	–	3	0	=	1	6
	4	6	–	3	1	=		

b) 55 – 20
55 – 22
55 – 23

c) 50 – 34
50 – 32
50 – 30

d) 60 – 30
60 – 29
60 – 28

e) 69 – 29
69 – 28
69 – 27

f) 67 – 59
67 – 49
67 – 39

g) 86 – 18
86 – 20
86 – 22

h) 64 – 40
64 – 41
64 – 39

i) 88 – 31
88 – 29
88 – 30

5

| 74 – 29 | Welchen Rechenweg hat Ella gewählt? |

Von der Zahl 74 subtrahiere ich zuerst 30. Das Ergebnis ist 44.

Dann rechne ich wieder 1 dazu. Das Ergebnis ist 45.

| 64 – 22 | Welchen Rechenweg hat Noa gewählt? |

Ich subtrahiere zuerst die Zehner voneinander und erhalte 40.

Dann subtrahiere ich die beiden Einer voneinander und erhalte 2.

Zuletzt addiere ich die beiden Ergebnisse und erhalte 42.

| 52 – 29 | Welchen Rechenweg hat Amari gewählt? |

Zuerst ändere ich den Subtrahenden in ganze Zehner und erhalte 30.

Dann subtrahiere ich die 3 Zehner vom Minuenden und erhalte 22.

Zuletzt addiere ich 1 Einer und erhalte 23.

6

Welche Zahlenkarten passen? | 18 | 36 | 53 | 24 | 19 | 35 |

☐ – ☐ = 35   ☐ – ☐ = 5   ☐ – ☐ = 12

☐ – ☐ = 18   ☐ – ☐ = 17   ☐ – ☐ = 16

---

5. Den jeweiligen Rechenweg ankreuzen und die Rechnung ins Heft notieren.
6. Mehrere Lösungen möglich.

Geld und Zeit

1 Zeichne den Betrag.

45 €	96 ct	99 €

2 Wie viel? Wechsle.

50 € → 10 €

3

a)

a)	0 8 : 3 0	Uhr
	2 0 : 3 0	Uhr
	halb neun	

b)

c)

d)

e)

f)

Jeder Strich ein Kästchen.

4

Frage: Wie lange nutzt du am Tag das Internet?			
Antwort			
Strichliste	＃＃ ＝	＃＃ ＃＃ ⫴⫴⫴	＃＃ ⏐
Anzahl			

4. Anzahl aus der Strichliste ablesen und in die Tabelle notieren.
Die Ergebnisse in das Säulendiagramm übertragen. Pro Strich ein Kästchen einfärben.

Körper und Längen

1

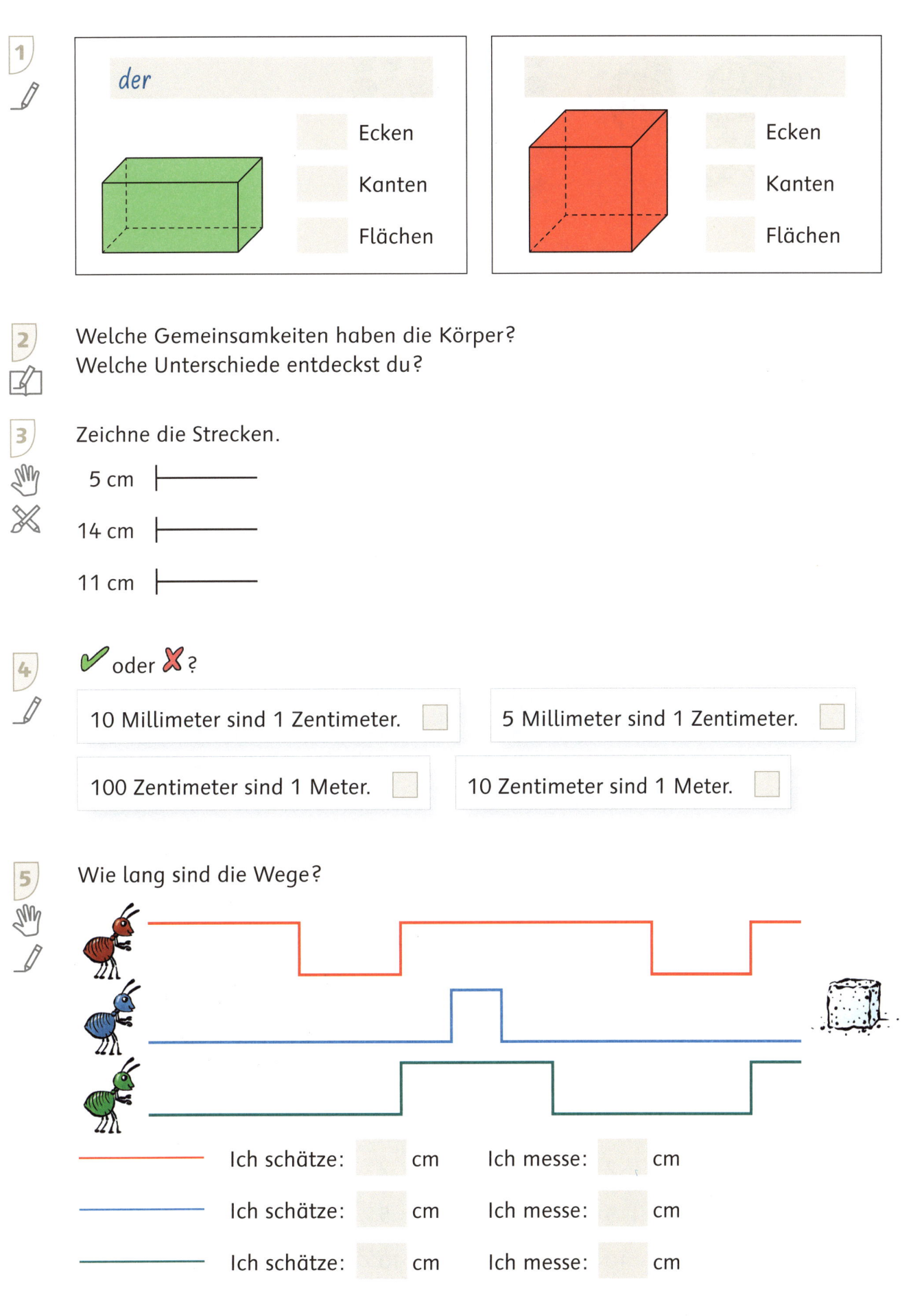

der

Ecken

Kanten

Flächen

Ecken

Kanten

Flächen

2 Welche Gemeinsamkeiten haben die Körper?
Welche Unterschiede entdeckst du?

3 Zeichne die Strecken.

5 cm

14 cm

11 cm

4 ✔ oder ✘?

10 Millimeter sind 1 Zentimeter.

5 Millimeter sind 1 Zentimeter.

100 Zentimeter sind 1 Meter.

10 Zentimeter sind 1 Meter.

5 Wie lang sind die Wege?

Ich schätze:　　cm　　Ich messe:　　cm

Ich schätze:　　cm　　Ich messe:　　cm

Ich schätze:　　cm　　Ich messe:　　cm

1

4 +

4 · 3

2 Aufgabe und Tauschaufgabe.

7 · 3 =

3 · 7 =

3 Aufgabe und Tauschaufgabe.

a) 2 · 4

9 · 4

5 · 3

a)	2 · 4 = 8
	4 · 2 = 8

b) 2 · 9

8 · 6

9 · 9

c) 8 · 4

8 · 2

4 · 3

d) 2 · 3

10 · 10

9 · 8

e) 3 · 6

9 · 3

7 · 2

4 Kernaufgaben.

1 · 4 =   1 · 8 =

2 · 4 =   2 · 8 =

5 · 4 =   5 · 8 =

10 · 4 =   10 · 8 =

1 · 3 =   1 · 6 =   1 · 9 =   1 · 7 =

2 · 3 =   2 · 6 =   2 · 9 =   2 · 7 =

5 · 3 =   5 · 6 =   5 · 9 =   5 · 7 =

10 · 3 =   10 · 6 =   10 · 9 =   10 · 7 =

1 ·   2 ·

5 ·   10 ·

1. Die passende Additions- und Multiplikationsaufgabe zum Bild notieren.

5

2 · 5 =	7 · 2 =	1 · 5 =	1 · 10 =
10 · 5 =	3 · 10 =	9 · 10 =	10 · 10 =
3 · 2 =	4 · 5 =	8 · 5 =	5 · 8 =
7 · 10 =	8 · 10 =	10 · 2 =	2 · 5 =
6 · 2 =	5 · 2 =	7 · 5 =	4 · 10 =
8 · 2 =	3 · 5 =	1 · 5 =	6 · 10 =
4 · 2 =	6 · 5 =	5 · 5 =	5 · 10 =
2 · 2 =	9 · 5 =	2 · 10 =	9 · 2 =

6

Kernaufgabe	Quadrataufgabe		
1 · 3 =	4 · 4 =	9 · 9 =	9 · 5 =
6 · 6 =	10 · 8 =	2 · 8 =	8 · 8 =

7

4 · 8 =
2 · 8 =
2 · 8 = +

7 · 4 =
5 · 4 =
2 · 4 = +

6 · 9 =
5 · 9 =
1 · 9 = +

7 · 6 =
6 · 6 =
1 · 6 = +

7 · 9 =
5 · 9 =
2 · 9 = +

3 · 9 =
2 · 9 =
1 · 9 = +

8 · 9 =
9 · 9 =
1 · 9 = –

4 · 9 =
2 · 9 =
2 · 9 = +

8

·	5	9
3	15	
6		

·	5	2
4		
9		

·	6	8
6		
7		

1 Verteilen mit und ohne Rest.

24 : ▢ = ▢   ▢ : ▢ = ▢ R ▢

 2 Aufteilen mit und ohne Rest.

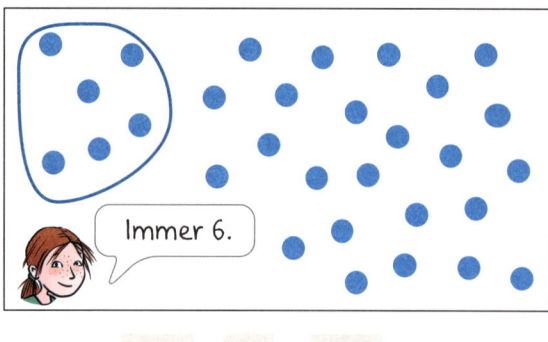

Immer 6.

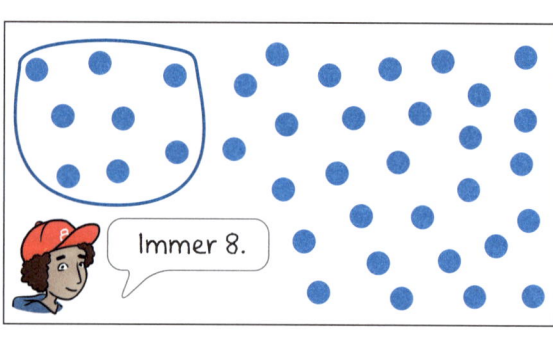

Immer 8.

▢ : ▢ = ▢   ▢ : ▢ = ▢ R ▢

 **3**

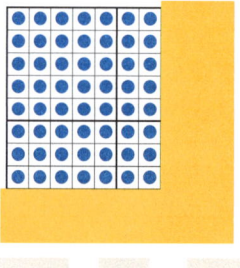

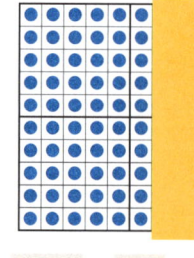

9 : 3 = ▢   ▢ : ▢ = ▢   ▢ : ▢ = ▢   ▢ : ▢ = ▢

▢ · ▢ = ▢   ▢ · ▢ = ▢   ▢ · ▢ = ▢   ▢ · ▢ = ▢

▢ : ▢ = ▢   ▢ : ▢ = ▢   ▢ : ▢ = ▢   ▢ : ▢ = ▢

▢ · ▢ = ▢   ▢ · ▢ = ▢   ▢ · ▢ = ▢   ▢ · ▢ = ▢

3. Aufgabe und Umkehraufgabe rechnen.

4 Aufgabenfamilien. Immer 4 Aufgaben. Finde die fehlende Zahl.

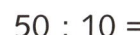

a) [7] [28] [ ] b) [9] [8] [ ] c) [9] [3] [ ]

a)	2 8	:	7	=	4
	2 8	:	4	=	7
	7	·	4	=	2 8
	4	·	7	=	2 8

d) [56] [7] [ ] e) [6] [7] [ ] f) [54] [ ] [ ]

g) [35] [ ] [ ] h) [63] [ ] [ ] i) [90] [ ] [ ]

k) Meine Aufgabenfamilie.

 5

15 : 3 =　　　　46 : 6 =　　　　32 : 4 =

50 : 10 =　　　19 : 6 =　　　　56 : 8 =

63 : 9 =　　　　25 : 6 =　　　　10 : 5 =

40 : 4 =　　　　33 : 10 =　　　12 : 4 =

12 : 6 =　　　　54 : 5 =　　　　24 : 4 =

21 : 4 =　　　　 9 : 3 =　　　　83 : 9 =

36 : 5 =　　　　45 : 9 =　　　　48 : 7 =

48 : 9 =　　　　49 : 7 =　　　　50 : 5 =

48 : 5 =　　　　72 : 8 =　　　　17 : 3 =

50 : 6 =　　　　64 : 8 =　　　　40 : 6 =

6

Es gibt 21 Spielkarten und 3 Kinder. Jedes Kind erhält 　　 Spielkarten.

Es gibt 35 Spielkarten und 4 Kinder. Jedes Kind erhält 　　 Spielkarten.
　　 Spielkarten bleiben übrig.

Es gibt 36 Spielkarten und 4 Kinder.
Jedes Kind erhält 　　 Spielkarten.

Es gibt 37 Spielkarten und 5 Kinder.
Jedes Kind erhält 　　 Spielkarten. 　　 Spielkarten bleiben übrig.

4. f)–i) Mehrere Lösungen möglich.
5.–6. Ergebnisse der Divisionsaufgaben sind mit und ohne Rest.

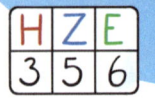

1

Ich schätze:

H	Z	E

Ich prüfe:

Ich zähle die Bohnen nur in einem Feld.
Dann multipliziere ich die Anzahl mit 4.
Das Ergebnis ist nur eine Schätzung.

Ich schätze:

H	Z	E

Ich prüfe:

Auf dem Foto
sehe ich …

2  Bündele eigene Mengen.
Fotografiere sie.
Dein Partnerkind schätzt.

1. Strategien zum Schätzen thematisieren: z.B. Anzahlen vergleichen, kleinere Mengen zuerst schätzen, dann auf die Gesamtmenge übertragen.

3 Tausche möglichst viele Einer in Zehner um.
Tausche möglichst viele Zehner in Hunderter um.

1 H 7 Z 14 E

H	Z	E
	8	4

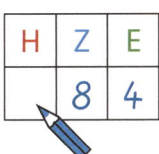

0 H 25 Z 8 E

H	Z	E

3 H 18 Z 7 E

H	Z	E

4 H 7 Z 18 E

H	Z	E

8 H 2 Z 19 E

H	Z	E

5 H 26 Z 3 E

H	Z	E

8 H 9 Z 12 E

H	Z	E

7 H 15 Z 41 E

H	Z	E

6 H 33 Z 25 E

H	Z	E

2 H 25 Z 35 E

H	Z	E

3 H 43 Z 21 E

H	Z	E

3 H 66 Z 39 E

H	Z	E

H	Z	E
1	7	14

4 Wer hat richtig getauscht? X

3 H 6 Z 42 E

Die Zahl heißt 364.

Die Zahl heißt 302.

Die Zahl heißt 402.

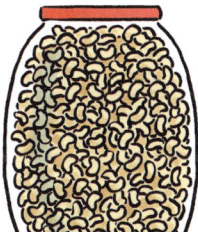

7 H 9 Z 20 E

Die Zahl heißt 710.

Die Zahl heißt 810.

Die Zahl heißt 792.

Hunderter, Zehner und Einer

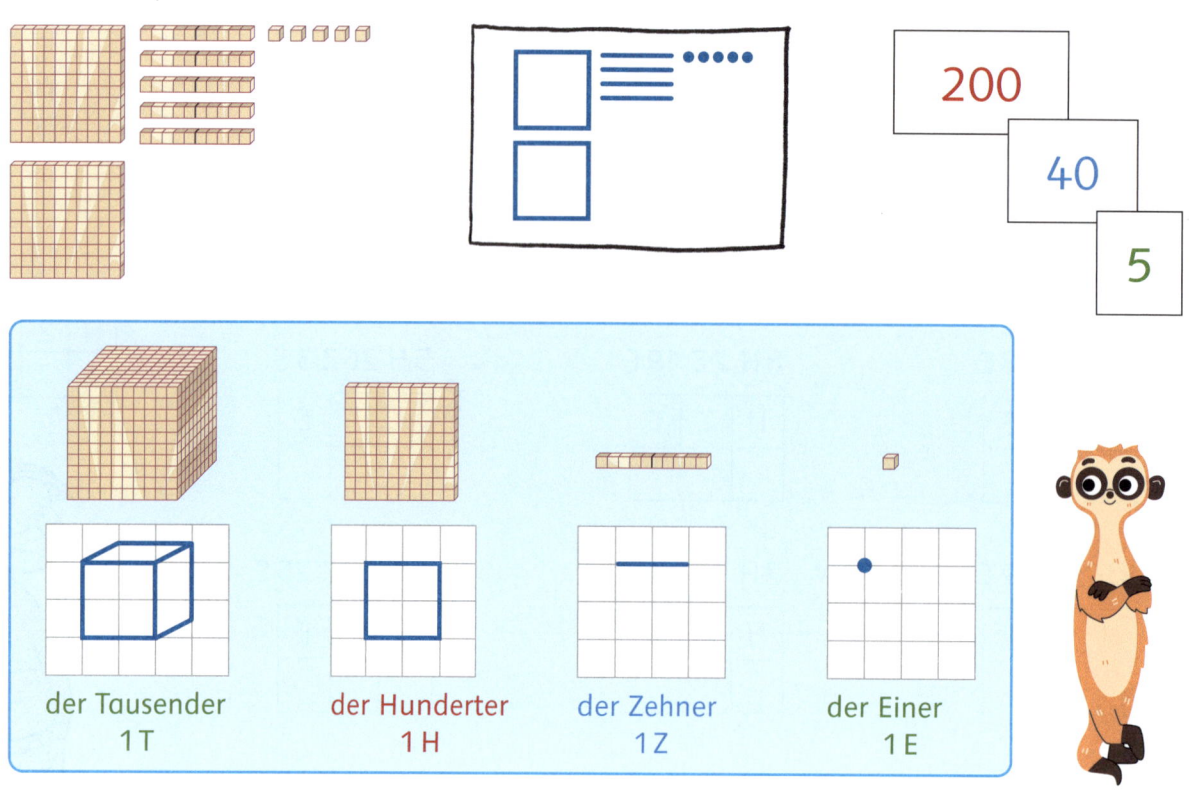

der Tausender	der Hunderter	der Zehner	der Einer
1 T	1 H	1 Z	1 E

1

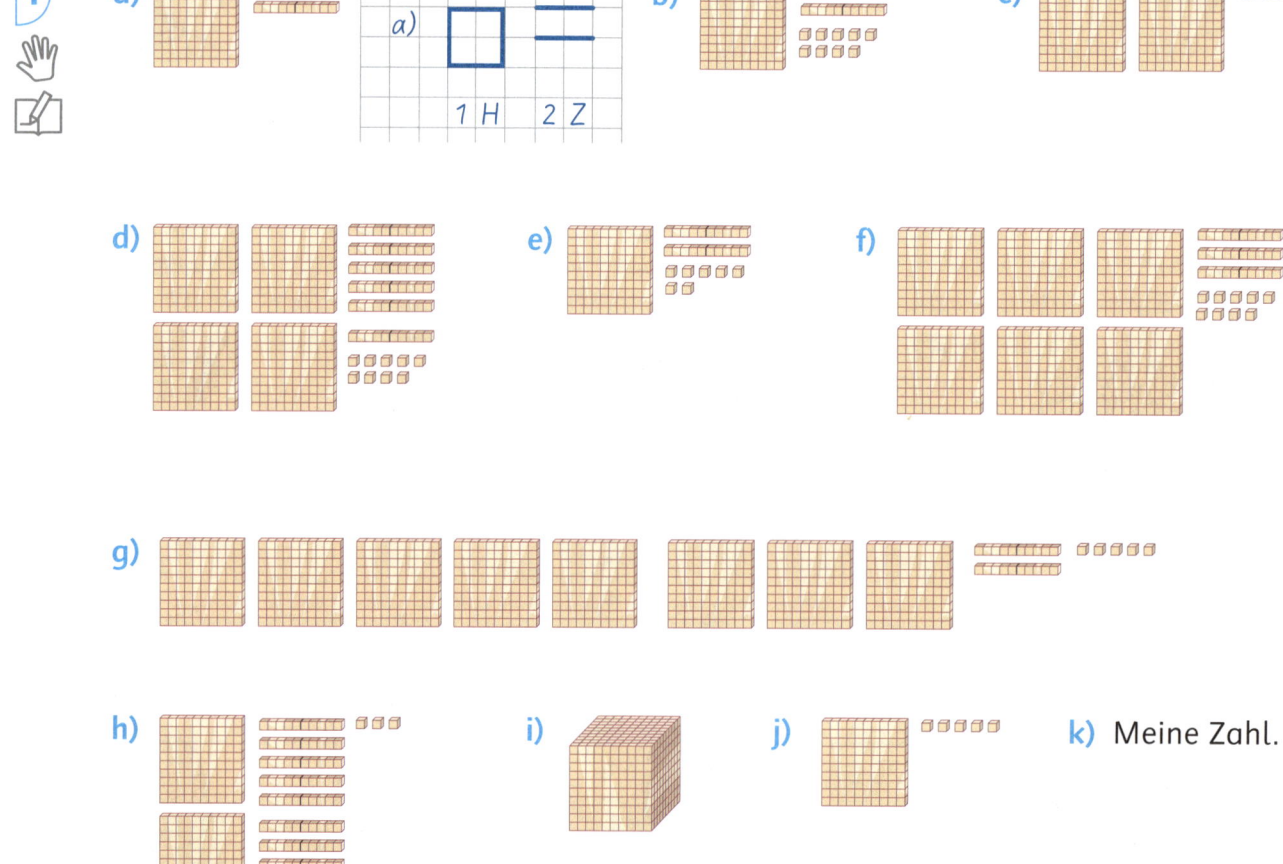

g)

h)   i)   j)   k) Meine Zahl.

Dienes-Material einführen.

2

a)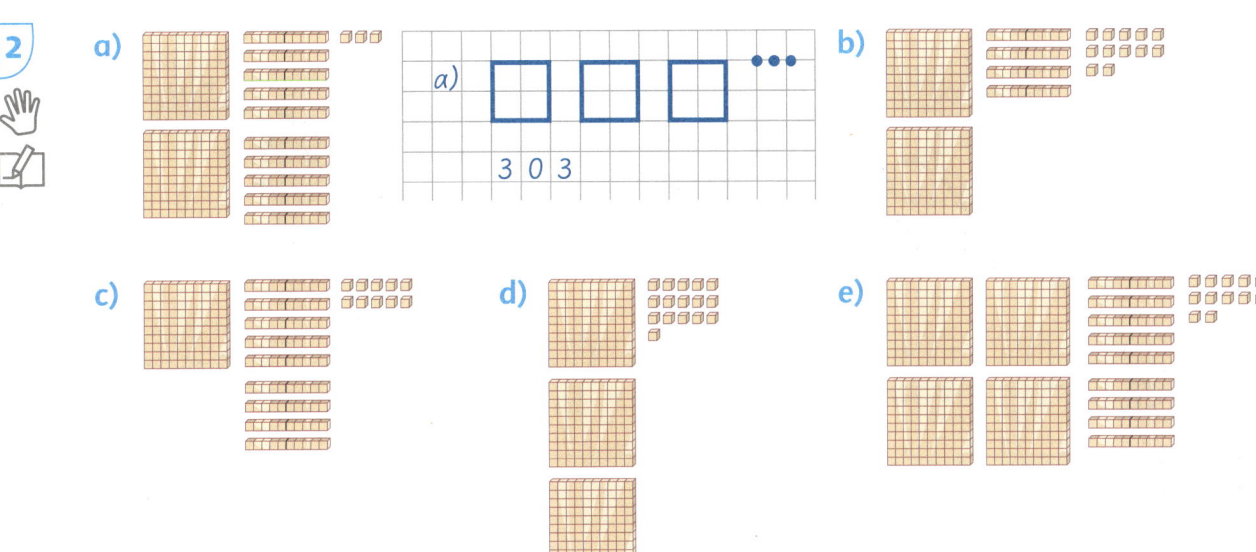

b)

c) 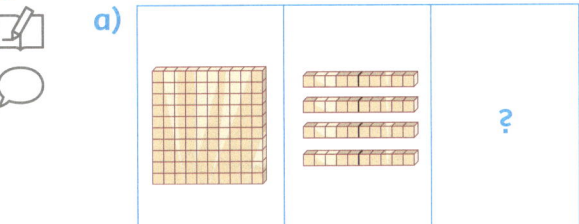   d)   e)

3 Welche Zahlen können es sein?

a) 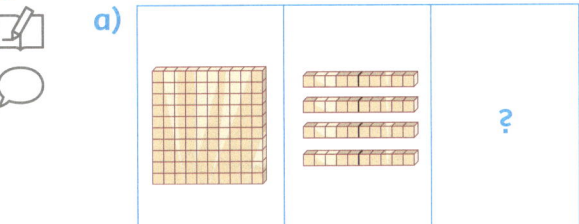   b)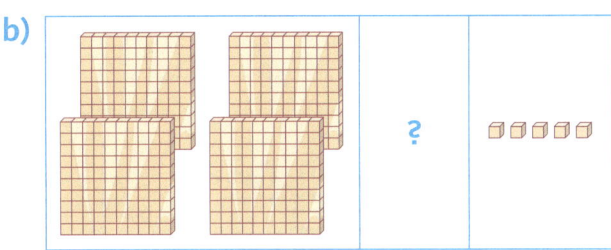

4 Welche Zahl ist es?

a) 5 Hunderter, 7 Zehner und 12 Einer
b) 3 Hunderter, keine Zehner und 9 Einer
c) 9 Hunderter, keine Zehner, 9 Einer
d) 1 Tausender, 1 Einer
e) 7 Hunderter, 7 Einer

f) 9 Hunderter
g) 9 Einer
h) 1 Hunderter, 26 Zehner und 5 Einer
i) 80 Zehner und 7 Einer
j) 4 Hunderter, 33 Zehner und keine Einer

5 Welche Zahl ist es?

a)  Meine Zahl hat 4 Hunderter, 3 Zehner und genauso viele Einer wie Zehner.

b)  Meine Zahl hat 6 Einer, halb so viele Hunderter und keine Zehner.

c)  Meine Zahl hat 2 Zehner und doppelt so viele Einer wie Hunderter.

3. Mehrere Lösungen möglich.
5. Bei **c)** sind 4 Lösungen möglich. ↑ SuS schreiben eigene Zahlenrätsel.

23

Zahlen verschieden darstellen

S. 7

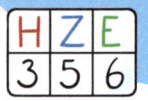

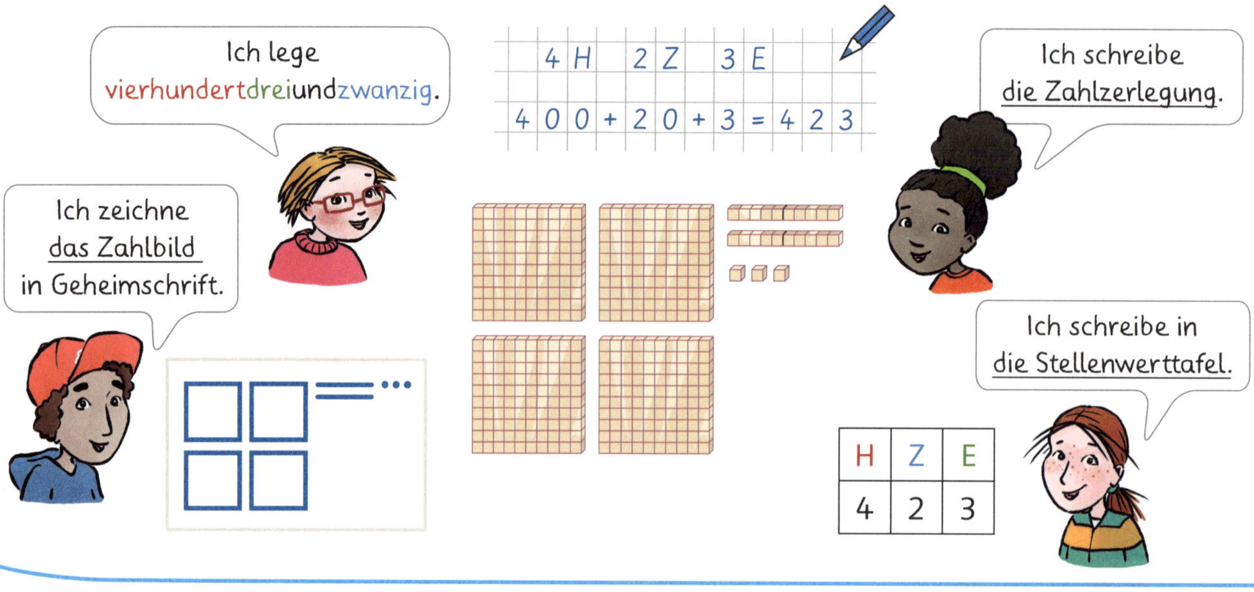
Ich lege vierhundertdreiundzwanzig.
4 H 2 Z 3 E
4 0 0 + 2 0 + 3 = 4 2 3
Ich schreibe die Zahlzerlegung.
Ich zeichne das Zahlbild in Geheimschrift.
Ich schreibe in die Stellenwerttafel.
H Z E
4 2 3

1

a)

H	Z	E
1	2	3

b)

H	Z	E
4	9	3

c)

H	Z	E
7	0	5

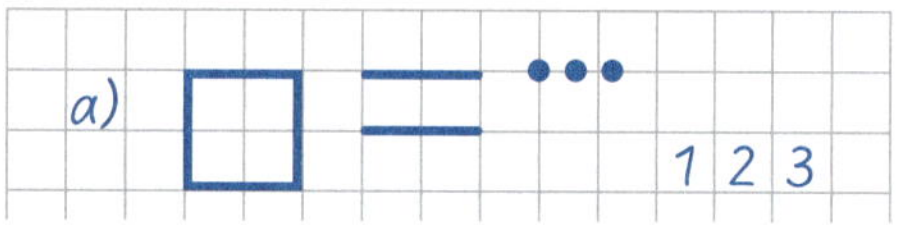
a)
1 2 3

2

a) 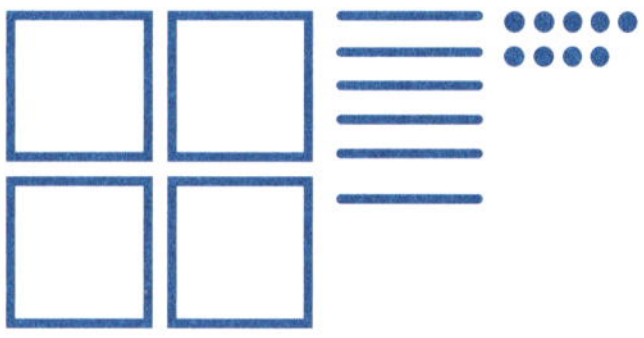

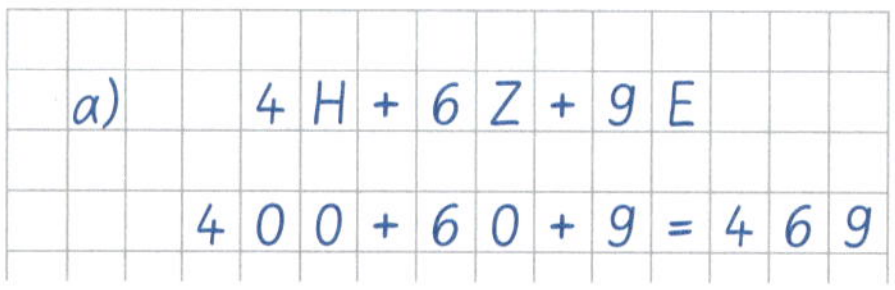
a) 4 H + 6 Z + 9 E
4 0 0 + 6 0 + 9 = 4 6 9

b)

c) 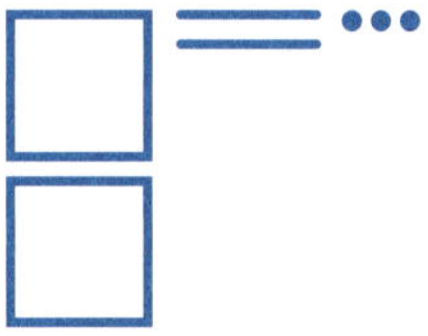

d) 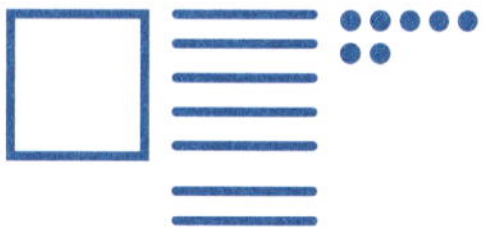

e) 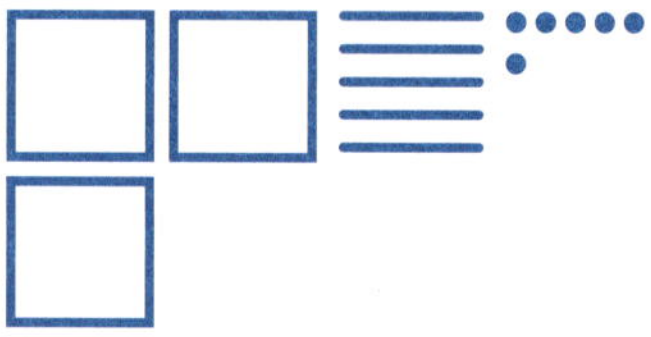

3

a) 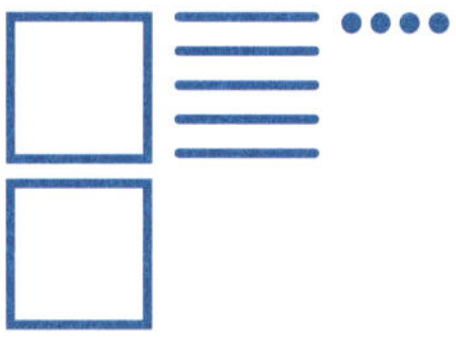

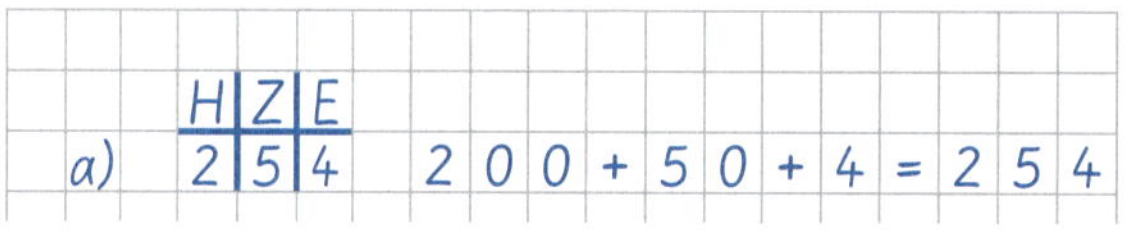
H Z E
a) 2 5 4 2 0 0 + 5 0 + 4 = 2 5 4

b) 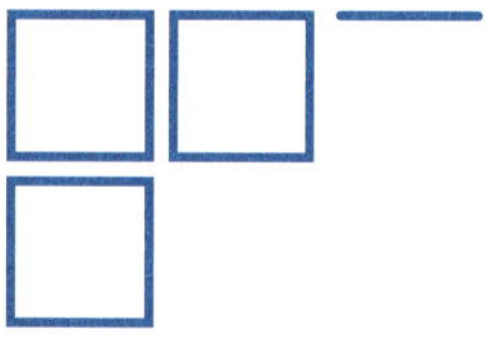

c) 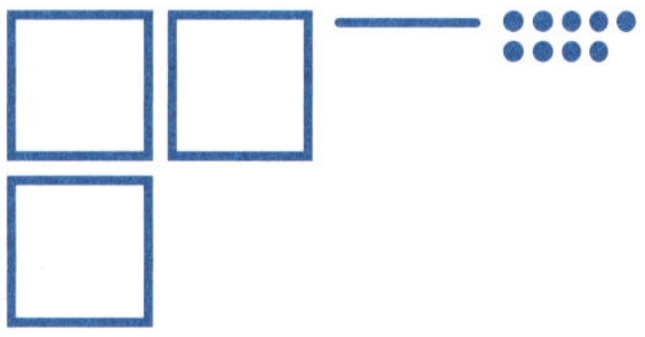

d) 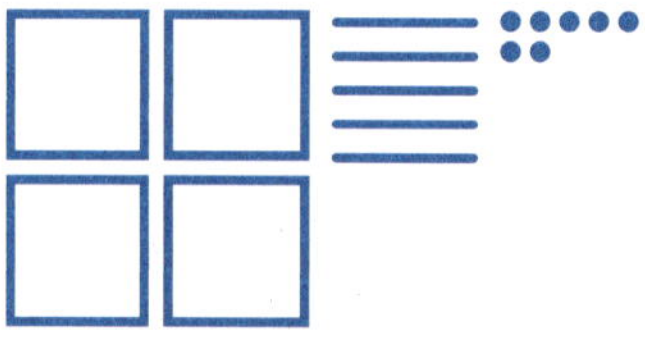

e) 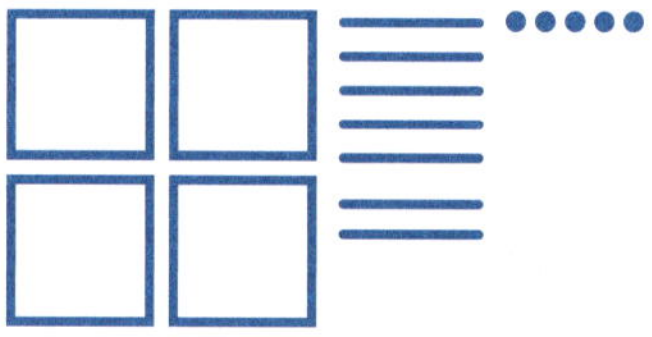

4 Vergleiche 3 d) und e). Was fällt dir auf?

Verschiedene Zahldarstellungen (Zahlbild, Stellenwerttafel, Zahlzerlegung, Zahlwort, Materialdarstellung) aus Klasse 2 wiederholen. **4.**↑ SuS finden weitere Zahlenpaare.

5

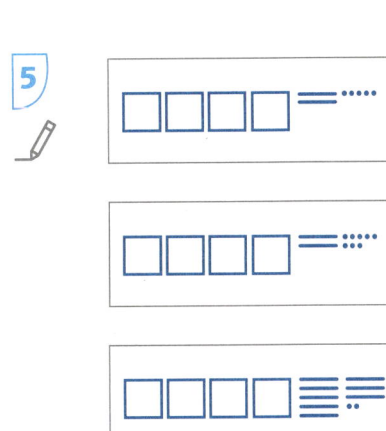

H	Z	E
4	0	2

400 + 80 + 2 ◖   ◗ 428

H	Z	E
4	8	2

400 + 20 + 8 ◖   ◗ 482

H	Z	E
4	2	5

400 + 20 + 5 ◖   ◗ 402

H	Z	E
4	2	8

400 + 40 + 8 ◖   ◗ 425

H	Z	E
4	4	8

400 + 2 ◖   ◗ 448

6 Bilde Zahlen mit H, Z und E.

400   300   500   50   30

0   40   7   3   80

$300 + 30 + 0 = 330$

$300 + 30 + 7 =$

7

a) einhundertzweiundzwanzig
b) achthundertdreizehn
c) sechshundertdreiunddreißig
d) fünfhundertachtundsechzig
e) neunhundertundneun
f) dreihundertvierundachtzig

a) $100 + 20 + 2 = 122$

g) sechshundertvier
h) siebenhundertsiebenundsiebzig
i) vierhundertachtundzwanzig

8 Das Zahlenquintett.

---

6. Zahlenkarten dürfen doppelt verwendet werden.
8. Zahlenquintett in Partnerarbeit erstellen und spielen.

Stellenwerte ändern

Die Startzahl heißt 132.

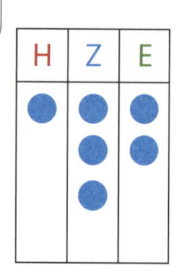

Ich verschiebe ein 🔵.

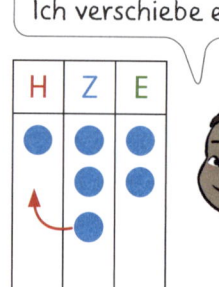

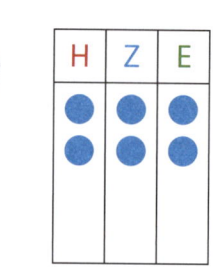

Die Zahl heißt jetzt 222.

1 Verschiebe ein Plättchen. Welche Zahlen können entstehen?

a)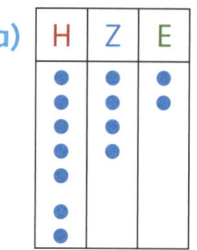

b)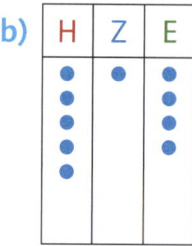

c)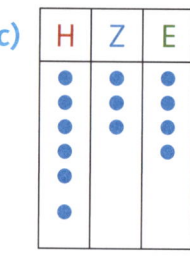

a) | 7 | 4 | 2 | 8 3 2,

Die Startzahl bei a) ist immer 742.

d) Meine Zahl.

2 Lege ein Plättchen dazu. Welche Zahlen können entstehen?

a)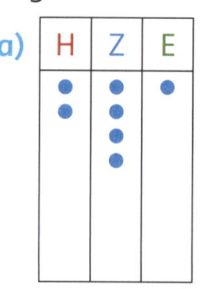

b)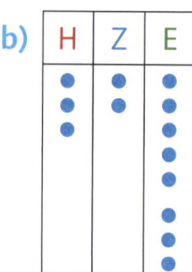

c)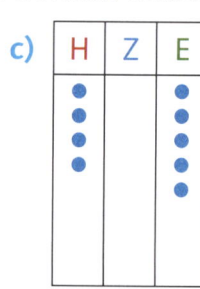

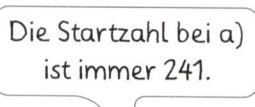

Die Startzahl bei a) ist immer 241.

d) Meine Zahl.

3 Nimm ein Plättchen weg. Welche Zahlen können entstehen?

a)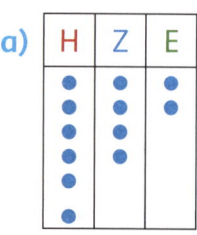

b)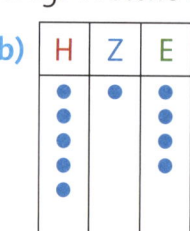

c)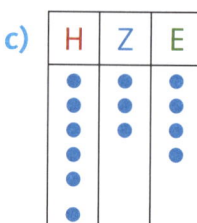

d) Meine Zahl.

4 Welche Zahlen kannst du mit …

a) 2 Plättchen legen?

b) 3 Plättchen legen?

c) ▢ Plättchen legen?

a) | H Z E | H Z E | H Z E |

26

1.–3. Hinweis: Immer jeweils von der Startzahl ausgehen.
4. ↑ SuS finden die größte/kleinste Zahl mit 2/3/… Plättchen.

Kleiner, größer, gleich

S. 9

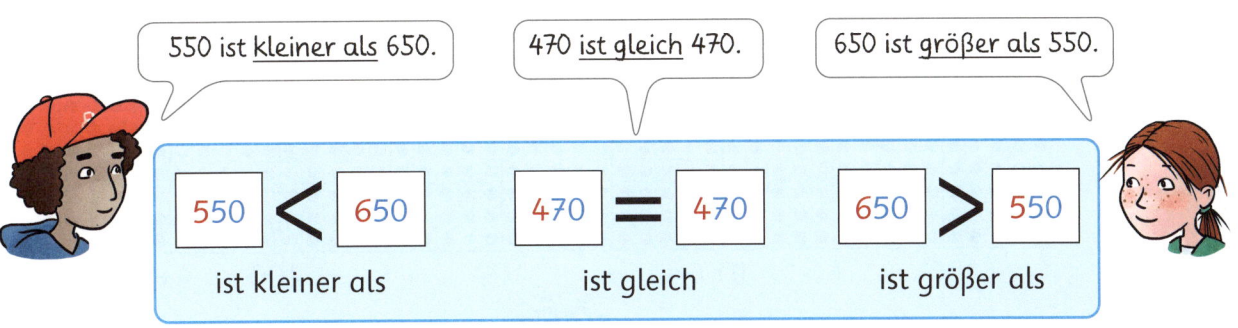

550 ist <u>kleiner als</u> 650.

470 <u>ist gleich</u> 470.

650 ist <u>größer als</u> 550.

550	<	650		470	=	470		650	>	550

ist kleiner als   ist gleich   ist größer als

1

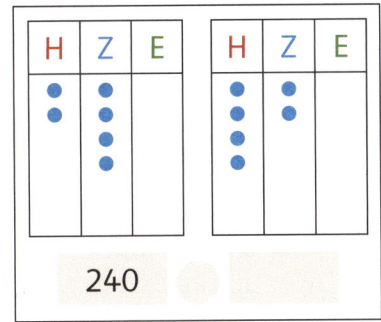

H	Z	E	H	Z	E

240

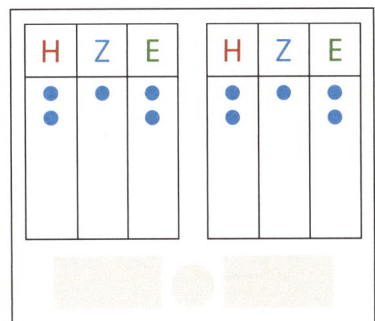

2

550	◯	660		234	◯	432		642	◯	642		532	◯	535
330	◯	730		313	◯	133		753	◯	653		410	◯	401
210	◯	205		765	◯	675		776	◯	775		921	◯	921

3 Ordne der Größe nach. Beginne mit der **kleinsten** Zahl.

a) ~~660~~ ~~662~~ 805 700 699 701

b) 327 723 732 237 372 273

c) 819 918 189 891 981 198

		a)	6	6	0	<	6	6	2	<	

d) Meine Zahlen mit den Ziffern 6, 4 und 2.

4

312 < _____ > 314   999 < _____ > 991

190 > _____ < _____ < 405   578 > _____ = _____ < _____

_____ = _____ < 797 > _____   _____ = _____ > _____ > _____

5

Die Zahlen sind größer als 548 und kleiner als 555.

Die Zahlen sind kleiner als 402 und größer als 395.

Es können die Zahlen … sein.

---

4. Mehrere Lösungen möglich.
5. ↑ SuS schreiben eigene Zahlenrätsel.

27

Das Tausenderfeld

📖 S. 10

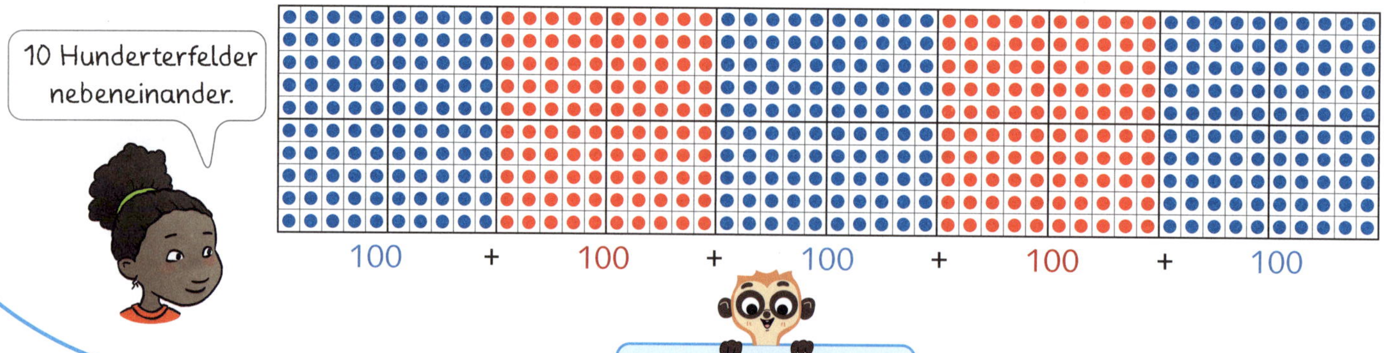

10 Hunderterfelder nebeneinander.

100 + 100 + 100 + 100 + 100

das Tausenderfeld

1

H	Z	E

H	Z	E

H	Z	E

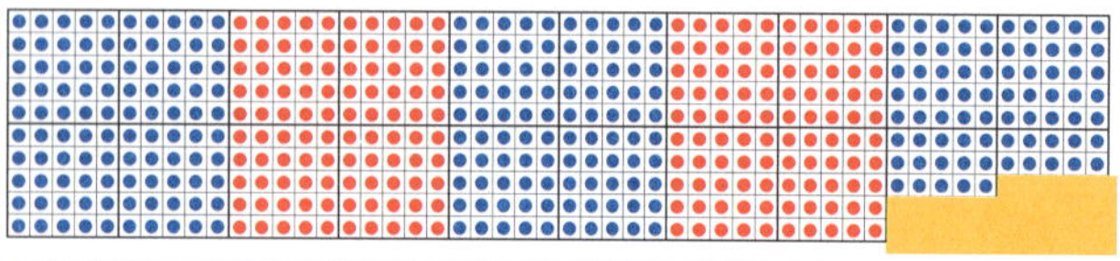

H	Z	E

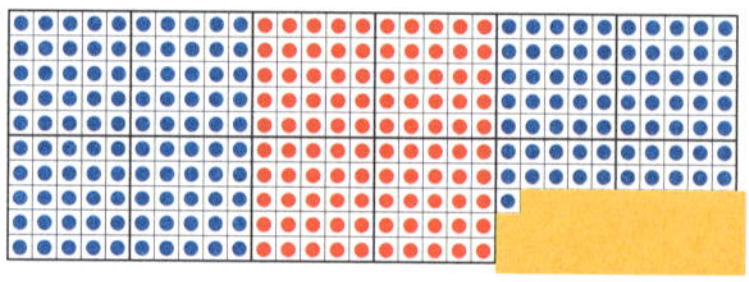

H	Z	E

2

a) 50, 100, 150, … 500

b) 200, 210, 220, … 300

c) 1000, 950, 900, … 700

d) 150, 250, 350, … 950

e) 110, 220, 330, … 990

f) Meine Reihe.

… 150, 200, 250 … Immer 50 dazu.

a)	5 0,	1 0 0,	1 5 0,	2 0 0,	…

28   **2.** Partnerarbeit: Ein Kind vervollständigt die Zahlenreihe, das andere zeigt nacheinander die Zahlen am Tausenderfeld.

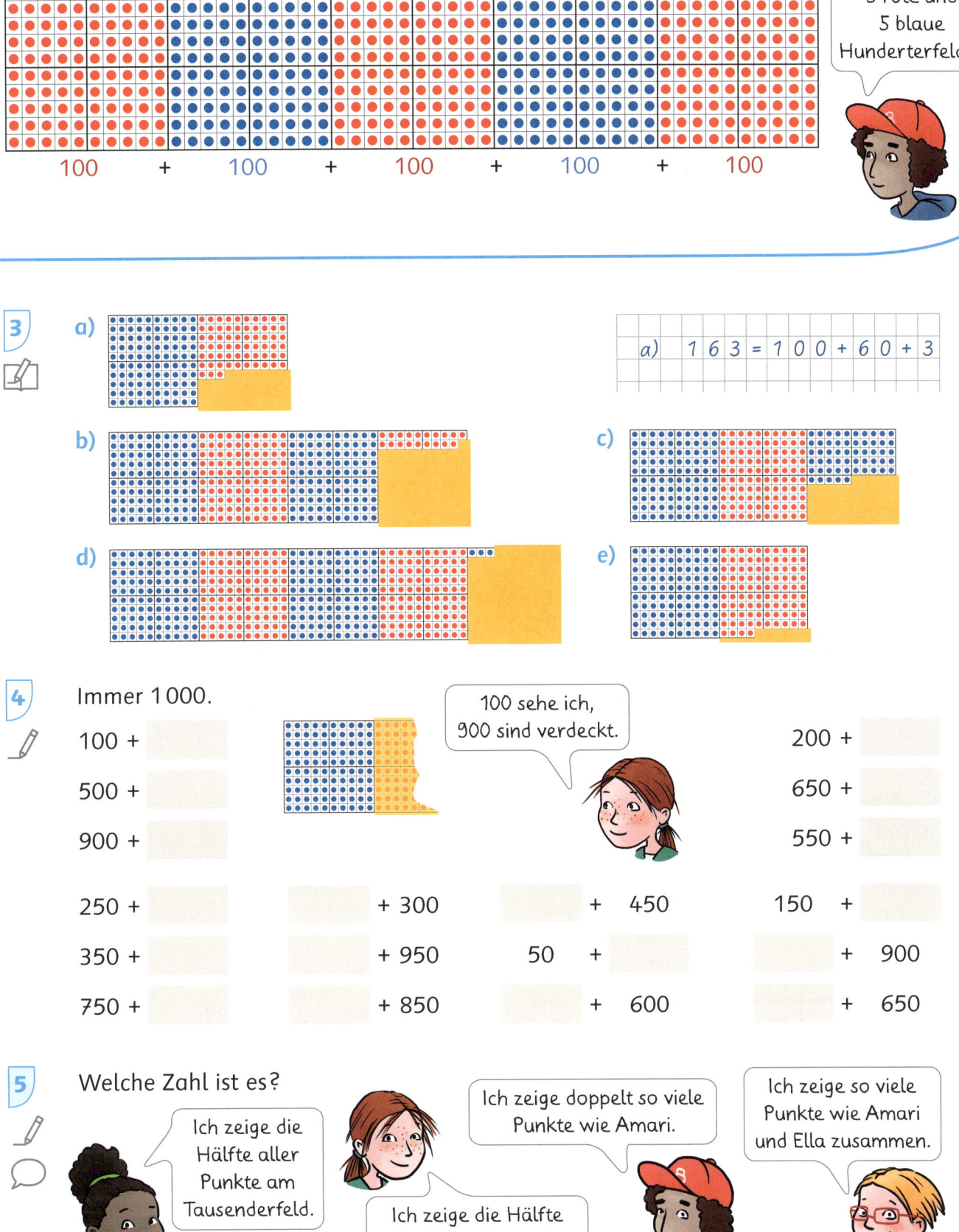

5 rote und 5 blaue Hunderterfelder.

100 + 100 + 100 + 100 + 100

3

a)

a) 1 6 3 = 1 0 0 + 6 0 + 3

b)

c)

d)

e)

4 Immer 1000.

100 +

500 +

900 +

100 sehe ich, 900 sind verdeckt.

200 +

650 +

550 +

250 + ___ + 300 ___ + 450 150 +

350 + ___ + 950 50 + ___ ___ + 900

750 + ___ + 850 ___ + 600 ___ + 650

5 Welche Zahl ist es?

Ich zeige die Hälfte aller Punkte am Tausenderfeld.

Ich zeige die Hälfte der Punkte von Amari.

Ich zeige doppelt so viele Punkte wie Amari.

Ich zeige so viele Punkte wie Amari und Ella zusammen.

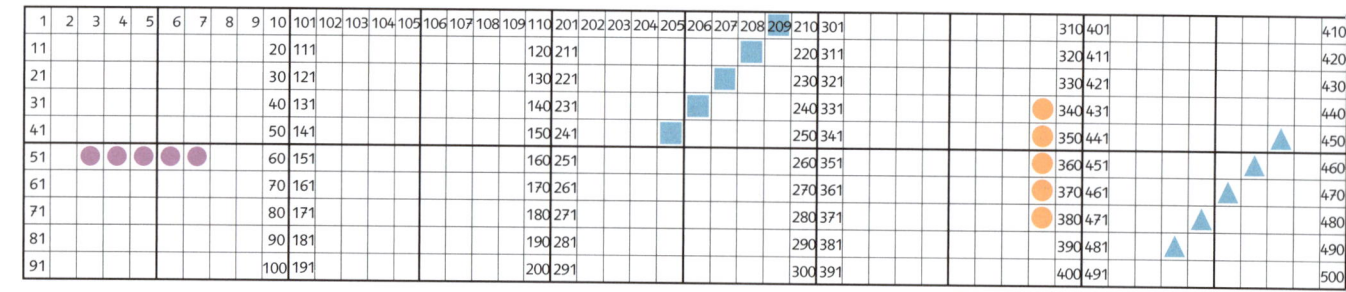

die Tausendertafel

1

Die Tausendertafel hat ___ Hundertertafeln.

Auf einer Hundertertafel sind ___ Zahlen.

In einer Zeile werden die Zahlen immer um ___ größer.

In einer Spalte werden die Zahlen immer um ___ größer.

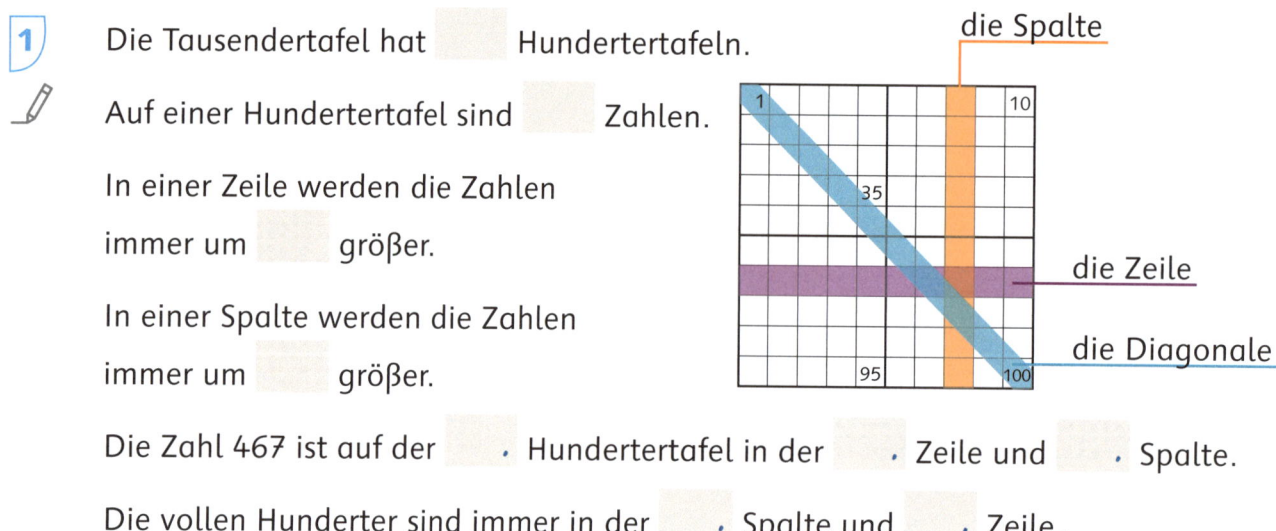

Die Zahl 467 ist auf der ___ . Hundertertafel in der ___ . Zeile und ___ . Spalte.

Die vollen Hunderter sind immer in der ___ . Spalte und ___ . Zeile.

2

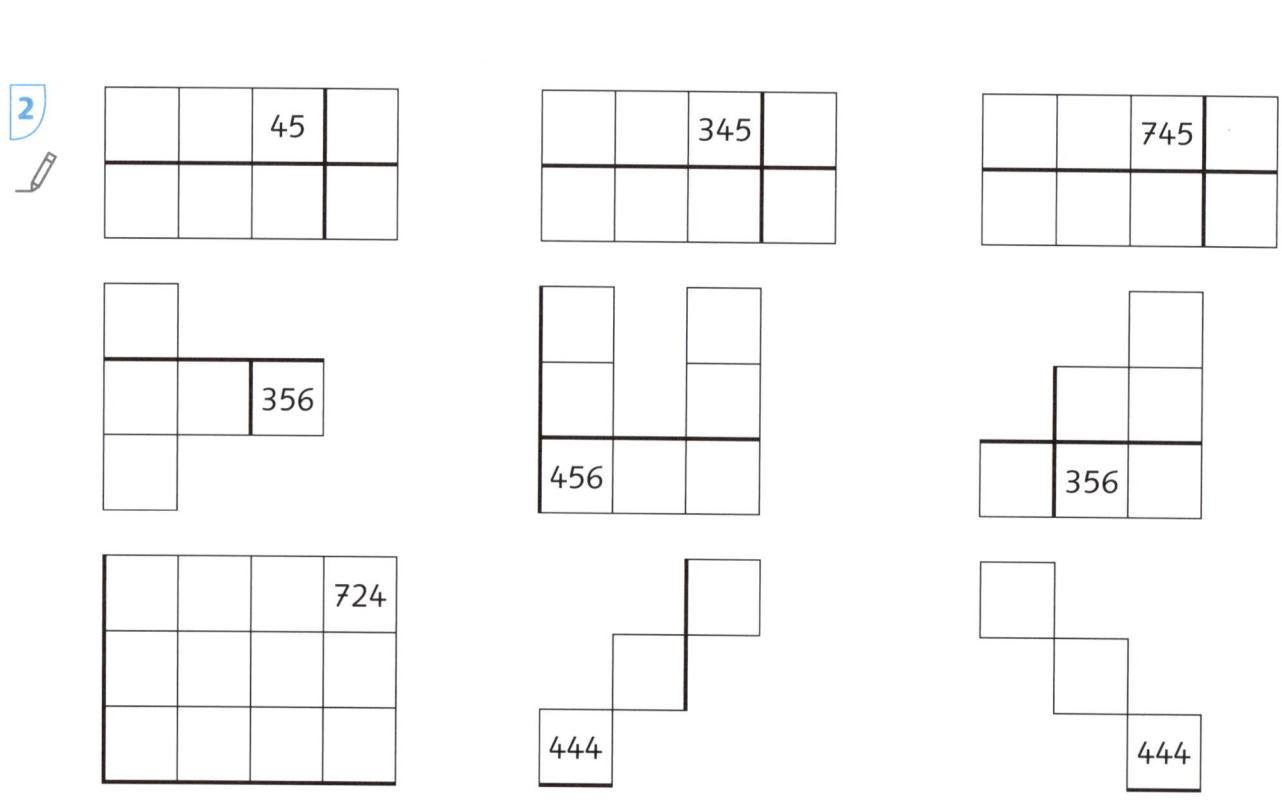

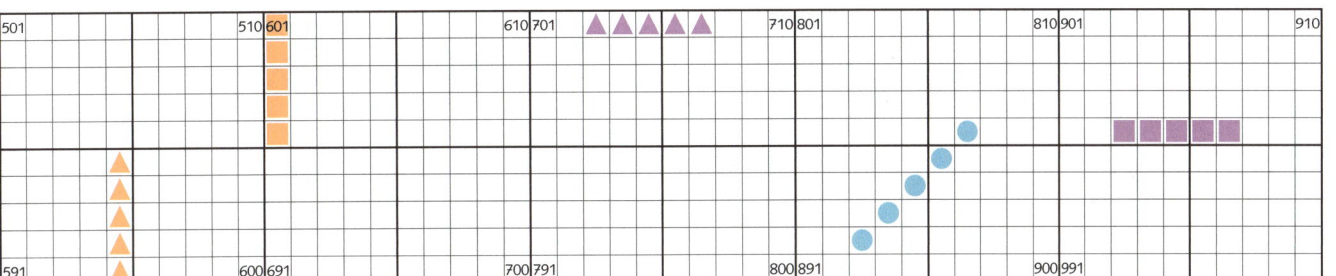

3 Welche Zahlen sind es auf den einzelnen Hundertertafeln?

a) 1. Zeile, 3. Spalte

b) 5. Zeile, 10. Spalte

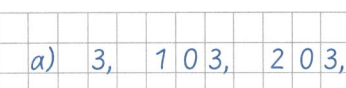

a) 3,   1 0 3,   2 0 3,

c) 8. Zeile, 9. Spalte

d) 7. Zeile, 6. Spalte

e) alle Zahlen mit 5 als Z und 0 als E

f) alle Zahlen mit 9 als Z und 0 als H

g) alle Zahlen mit 7 als H und E

h) alle Zahlen mit 6 als H und E

i) alle Zahlen mit 0 als Z und 1 als E

j) alle Zahlen mit 0 als Z und E

4 Welche Zahlen sind es?

a)    b) 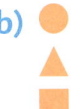   c)

a) ● 5 3,   5 4,   ...

5 Vergleiche bei **4** zwischen den Farben. Was fällt dir auf?

6 Wo ist „Miss x"?

210	711	452	306	671	999	448

199	504	899	660	1000	Meine Zahl.

Wo ist „Miss 210" auf der Tausendertafel?

Die Zahl befindet sich auf der 3. Hundertertafel, in der 1. Zeile und 10. Spalte.

3. Zahlen von allen Hundertertafeln notieren.
5. Farbliche Markierungen stehen für unterschiedliche Differenz zwischen den Zahlen.

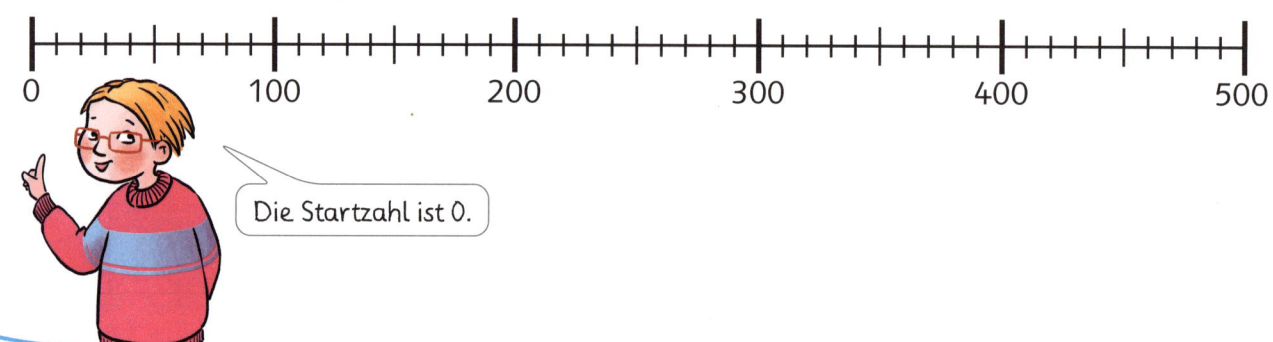

Die Startzahl ist 0.

1 Zeige die Zahlen am Zahlenstrahl.

| 200 | 380 | 150 | 735 | 660 | 811 | 320 | 610 | 450 | 990 |

2

0

500

3

| 550 | 700 | 680 | 790 | 810 | 1000 |

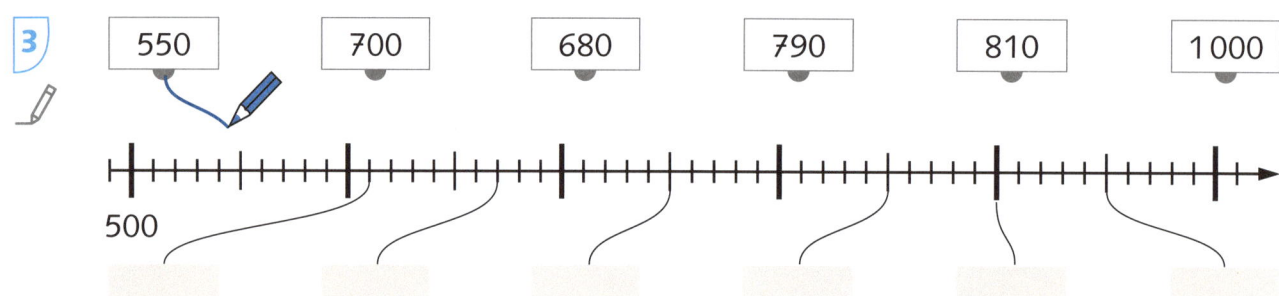

500

4 Zeichne einen eigenen Zahlenstrahl mit Lineal.

5 Welche Zahlen liegen zwischen …

a) 458 und 467?

b) 319 und 325?

c) 245 und 254?

d) 189 und 193?

e) 896 und 903?

f) 988 und 992?

g) 699 und 707?

h) 796 und 802?

a) 4 5 8, 4 5 9, 4 6 0, …

---

4. Skala für den eigenen Zahlenstrahl frei wählen. ↓ SuS zeichnen analog zu Nr. 2 einen Zahlenstrahl..

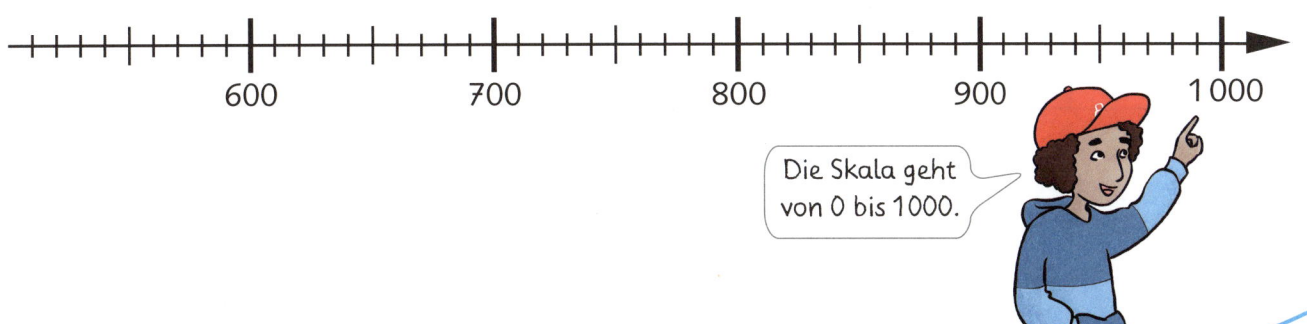

6

a) 231, 232 … 240
b) 560, 561 … 569
c) 177, 178 … 186
d) 389, 388 … 380
e) 401, 400 … 392
f) 725, 724 … 716
g) 999, 998 … 970
h) 825, 824 … 815
i) 100, 99 … 90

7

a) 100, 200 … 1000
b) 360, 370 … 450
c) 950, 850 … 50
d) 198, 188 … 108
e) 230, 235 … 275
f) 642, 644 … 656
g) 855, 850 … 810
h) 702, 700 … 688

Was fällt dir auf?

Die Zahlen werden immer um … größer/kleiner.

8

a) 100, 125, 150, 175, 200
b) 200, 400, 600, 800, 1000
c) 0, 250, 500, 1000
d) 100, 300, 500, 700, 900
e) 900, 905, 910, 915, 920

a)
100   125   150

9

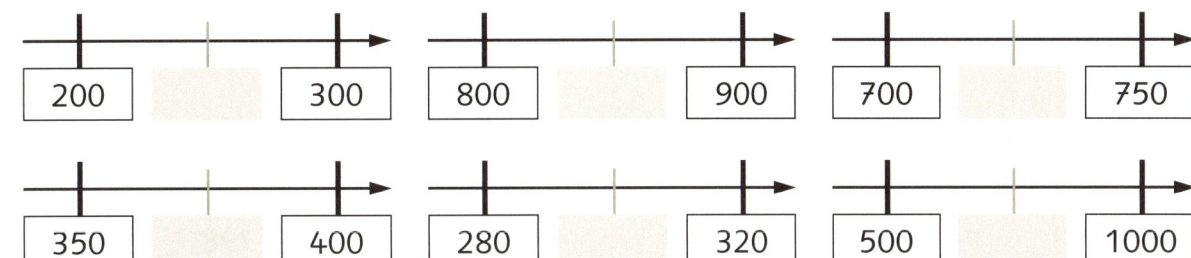

200 __ 300   800 __ 900   700 __ 750

350 __ 400   280 __ 320   500 __ 1000

10

300

8. Skalierung thematisieren. 9. Die mittlere Zahl bestimmen.
10. Mehrere Lösungen möglich.

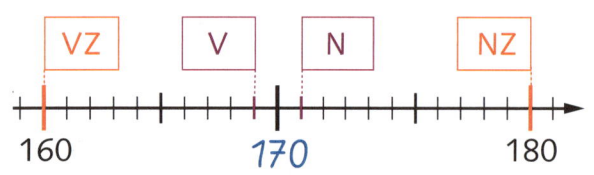

| VZ | V | N | NZ |

160 — *170* — 180

170

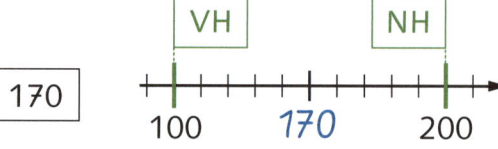

| VH | NH |

100 — *170* — 200

---

die Nachbarzahl
der Vorgänger V
der Nachfolger N

der Nachbarzehner
der Vorgänger-Zehner VZ
der Nachfolge-Zehner NZ

der Nachbarhunderter
der Vorgänger-Hunderter VH
der Nachfolge-Hunderter NH

---

1 Schreibe die Nachbarzahlen und die Nachbarzehner.

☐ 155 ☐   ☐ 365 ☐   ☐ 205 ☐

---

2 Schreibe die Nachbarzahlen und die Nachbarzehner.

a) 154   b) 536   c) 777

d) 389   e) 901   f) 400

g) 808   h) 999   i) 901

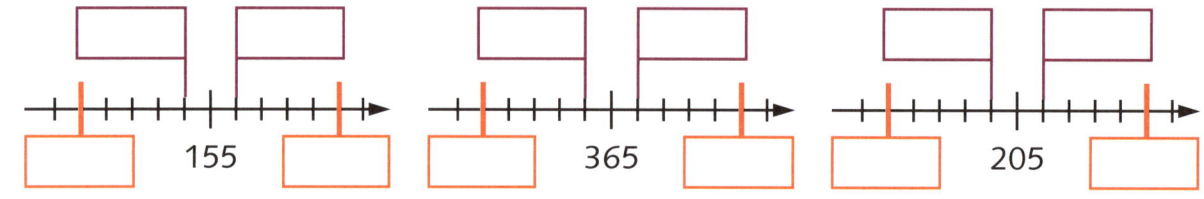

	VZ	V	Zahl	N	NZ
a)	1 5 0	1 5 3	1 5 4	1 5 5	1 6 0

---

3 V und N.

a) 213
336
706

| a) | 2 1 3 | − 1 | = | 2 1 2 |
| | 2 1 3 | + 1 | = | 2 1 4 |

b) 683
235
298

c) 222
444
801

d) 599
500
700

e) 999
99
1000

f) 899
371
269

g) 221
399
289

h) 691
483
201

i) 101
606
784

j) 901
196
212

---

4 VZ und NZ.

a) 218
348
728

| a) | 2 1 8 | − 8 | = | 2 1 0 |
| | 2 1 8 | + 2 | = | 2 2 0 |

b) 416
616
816

c) 998
798
598

d) 236
134
32

e) 616
256
286

f) 555
333
777

g) 399
899
400

h) 9
99
999

Ich sehe verliebte Zahlen.

5 Schreibe die Nachbarhunderter.

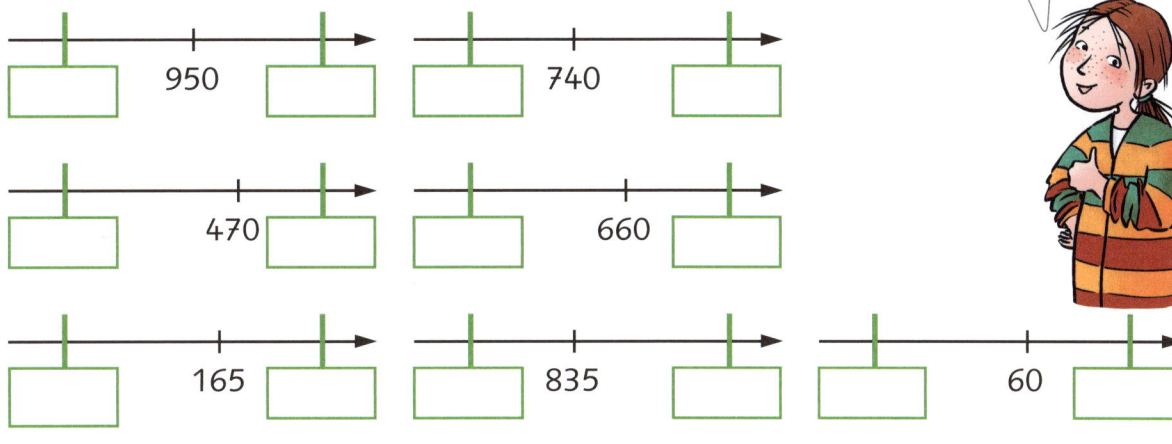

	650			230	
	950			740	
	470			660	
	165			835			60	

6 Schreibe die Nachbarhunderter.

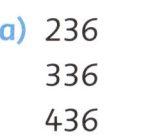

a) 236
336
436

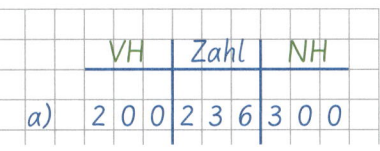

	VH	Zahl	NH
a)	2 0 0	2 3 6	3 0 0

b) 623
523
423

c) 999
777
555

d) 155
405
795

e) 240
230
220

f) 250
370
391

g) 212
607
901

h) 908
234
555

i) 506
678
781

j) 99
999
1000

7 Schreibe die Nachbarhunderter, Nachbarzehner und Nachbarzahlen.

a) 255
187
555
901

	VH	VZ	V	Zahl	N	NZ	NH
a)	2 0 0	2 5 0	2 5 4	2 5 5	2 5 6	2 6 0	3 0 0

b) 338
741
499
989

c) 672
488
321
291

8 VH und NH.

a) 150
250
350

a)	1 5 0	− 5 0	=	1 0 0		
	1 5 0	+ 5 0	=	2 0 0		

b) 601
701
801

c) 36
136
236

d) 623
51
403

e) 240
230
220

f) 570
580
590

g) 799
798
797

h) 899
999
1000

i) 809
432
666

j) 876
187
99

Die Nachbarhunderter einer Zahl sind der Hunderter davor und der Hunderter danach.

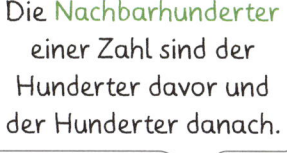

1

3 H 8 Z 16 E   6 H 24 Z 9 E   5 H 4 Z 17 E   2 H 35 Z 8 E

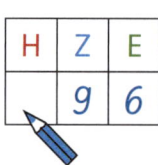

H	Z	E
	9	6

H	Z	E

H	Z	E

H	Z	E

2

a)

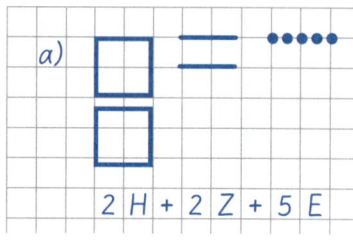

b)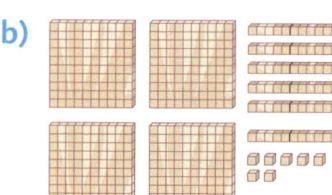

a) 2 H + 2 Z + 5 E

c) 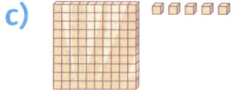   d) 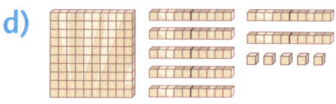   e)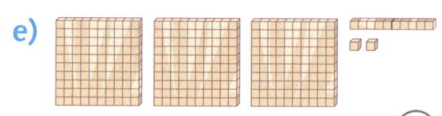

3

a)    b)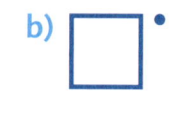

a)
H	Z	E
3	5	8

300 + 50 + 8 = 358

c) 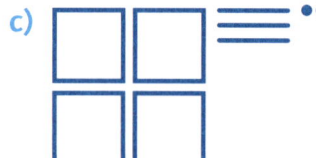   d)    e)

4

a) zweihundertneunzehn
b) siebenhundertvierundzwanzig
c) neunhunderteins
d) zweihundertfünf

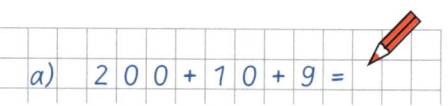

a) 200 + 10 + 9 =

e) neunhundertsechsundvierzig
f) achthundertsechsundsiebzig

5

Verschiebe ein Plättchen. Welche Zahlen können entstehen?

a) 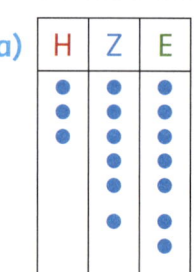   b) 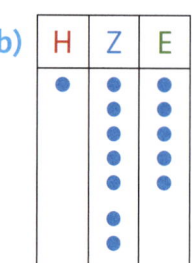   c) 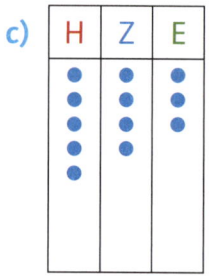   d)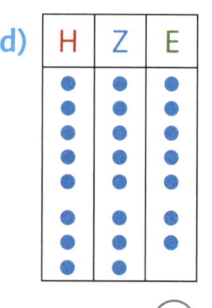

6
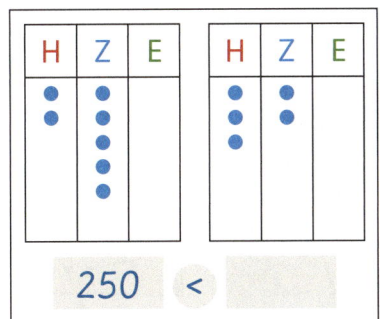

250 <

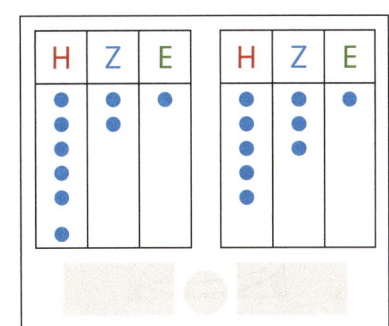

☺ 🤔

7 Immer 1000.

900 + ____   100 + ____   450 + ____   350 + ____

600 + ____   150 + ____   550 + ____   750 + ____

300 + ____   200 + ____   650 + ____   500 + ____

  0 + ____   250 + ____   400 + ____   800 + ____

☺ 🤔

8
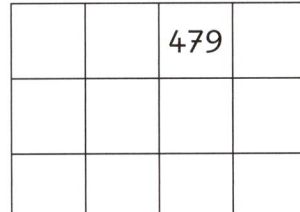
479

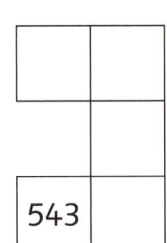

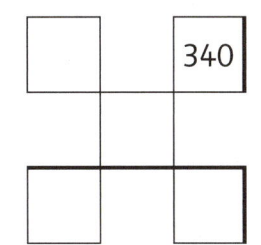
340

543

☺ 🤔

9

300 | ____ | 500

250 | ____ | 300

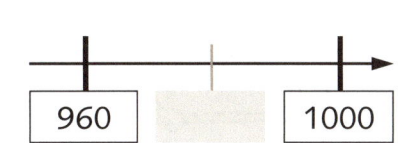
960 | ____ | 1000

☺ 🤔

10 Schreibe die Nachbarhunderter, Nachbarzehner und Nachbarzahlen.

a) 160
   260
   360

	VH	VZ	V	Zahl	N	NZ	NH
a)	100	150	159	160	161	170	200

b) 590
   480
   370

c) 91
   193
   295

d) 615   e) 350   f) 412   g) 705   h) 504   i) 90
   725   270   707   123   478   991
   832   491   401   505   981   100

☺ 🤔

Das ist ein Kantenmodell des Würfels.

der Kegel   die Kugel   der Würfel   der Quader   der Zylinder   das Prisma   die Pyramide

1

Die Schultüte hat den Körper eines Kegels.

das Kantenmodell

2 Welcher Körper ist es?

3 Welche Körper können daraus entstehen?

a)   b)   c)

 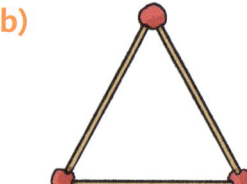 

4 Für welche Körper kannst du kein Kantenmodell herstellen?

1. Alltagsgegenstände finden, die den geometrischen Körpern entsprechen, und fotografieren. Thematisieren, warum einzelne Körper häufig bzw. selten vorkommen. **2.** ↑ SuS bauen eigene Kantenmodelle.

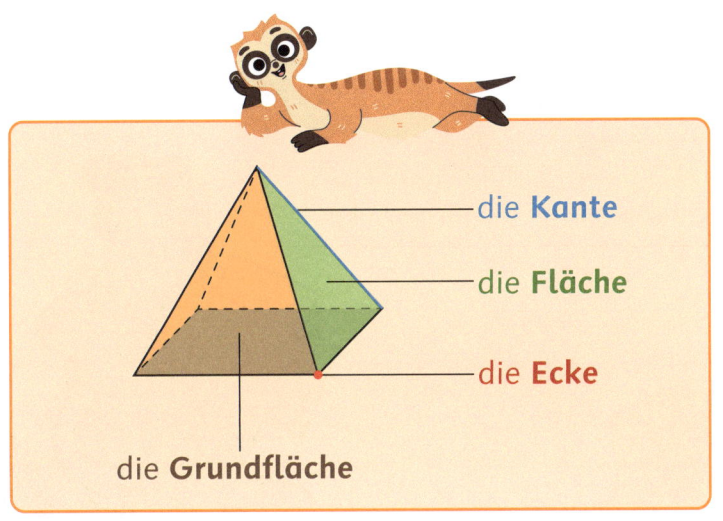

die **Kante**

die **Fläche**

die **Ecke**

die **Grundfläche**

Die Pyramide steht auf einem Quadrat. Das Quadrat ist die Grundfläche.

5

	Körper	Ecken	Kanten	Flächen	Form der Grundfläche
	Würfel				Quadrat
		8			
	1 Spitze				

6 Welcher Körper ist es?

a) Alle Flächen sind gleich groß.

b) Der Körper hat 8 Kanten.

c) Der Körper hat 8 Ecken und 12 Kanten.

d) Der Körper hat 4 dreieckige Flächen.

e) Der Körper hat 1 Spitze.

f) Der Körper hat 3 Flächen.

7  Warum hat die Pyramide eine Ecke?
Warum hat der Kegel eine Spitze?

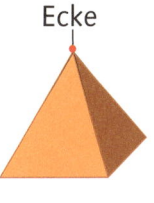 Ecke

 Spitze

7. Hinweis: Eine Ecke ist ein Punkt, an dem mindestens 3 Kanten aufeinandertreffen. Ein Kegel hat keine Kanten, die aufeinandertreffen und deshalb keine Ecken, sondern eine Spitze.

Körpernetze

 1 Welcher Körper ist es?

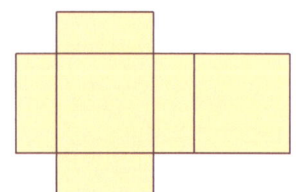

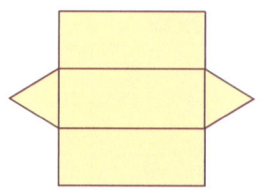

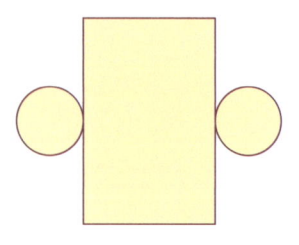

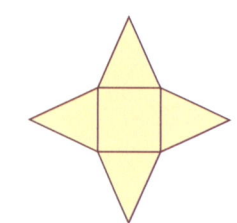

 2 Welche Fläche fehlt?

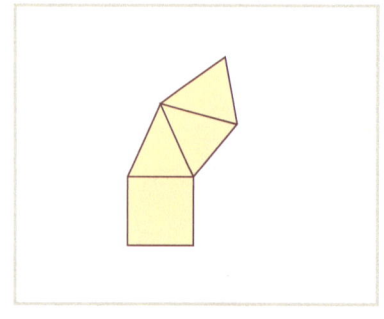

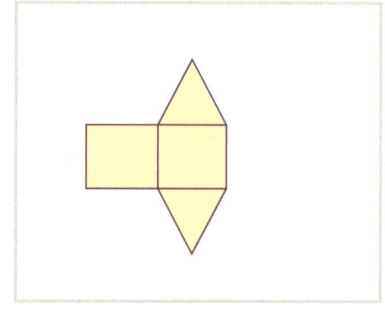

2. Fehlende Fläche ergänzen, damit ein vollständiges Körpernetz entsteht.

40

3 ✔ oder ✗ ?

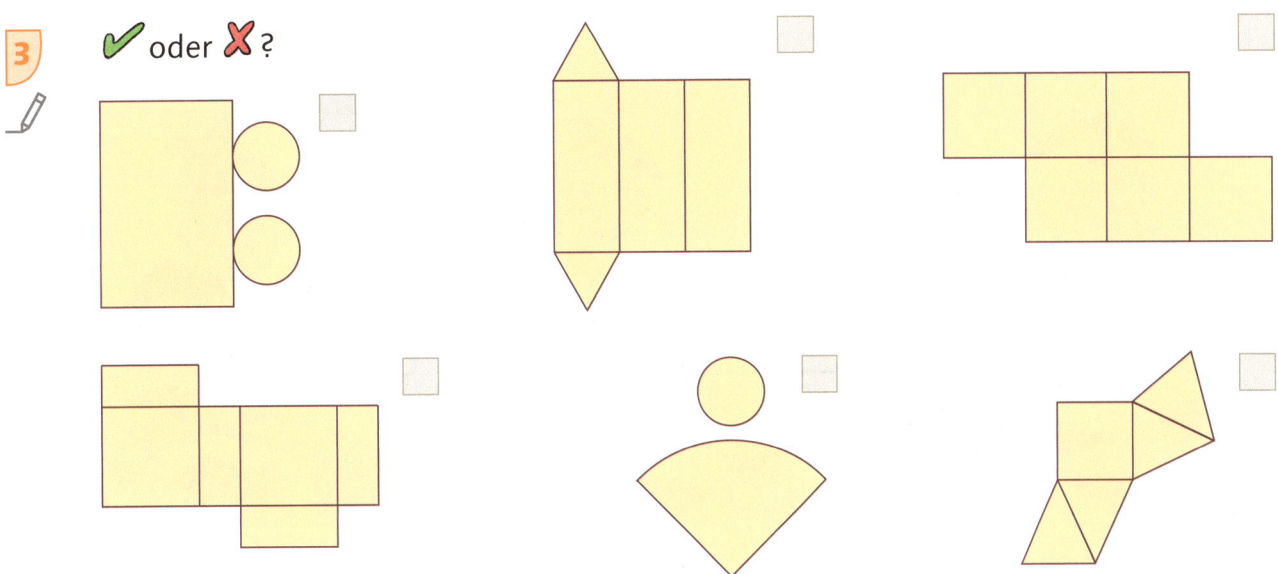

4 Welcher Körper entsteht aus …

a) 6 Quadraten?

b) 2 Kreisen und einem Rechteck?

c) 2 Quadraten und 4 Rechtecken?

d) 3 Rechtecken und 2 Dreiecken?

e) 4 Dreiecken und 1 Quadrat?

f) 1 Kreis und 1 Kreisausschnitt?

5 Welche Körpernetze passen zu einem Quader? ✔ oder ✗ ?

Kannst du aus jedem Körpernetz mit 6 Rechtecken ein Quader falten?

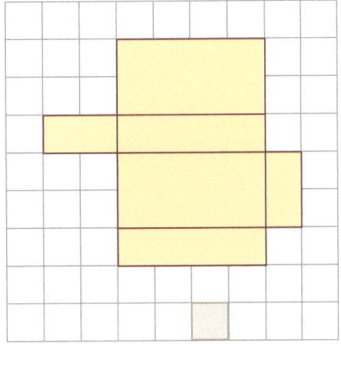
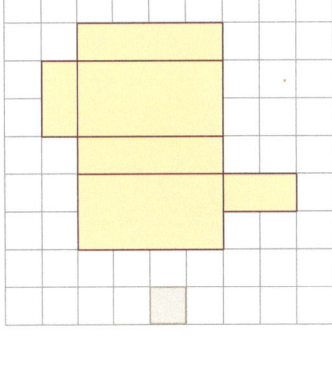

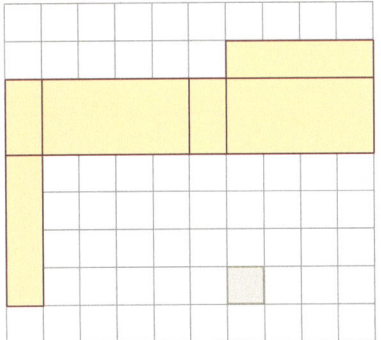
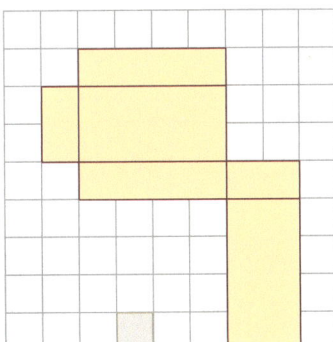
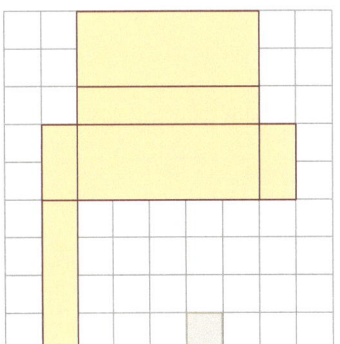

6 Welcher Körper hat kein Körpernetz?
Warum?

5. ↑ Partnerarbeit: SuS zeichnen weitere Körpernetze eines Quaders ins Heft und Partnerkind prüft auf Richtigkeit.

41

Würfelnetze

S. 19

Ich brauche 6 Quadrate für ein Würfelnetz.

Durch Falten entsteht ein Würfel.

Ich kann die Quadrate unterschiedlich anordnen.

1

Ich habe ein weiteres Würfelnetz gefunden.

das Würfelnetz deckungsgleich

2 Ist es ein Würfelnetz? ✔ oder ✗ ?

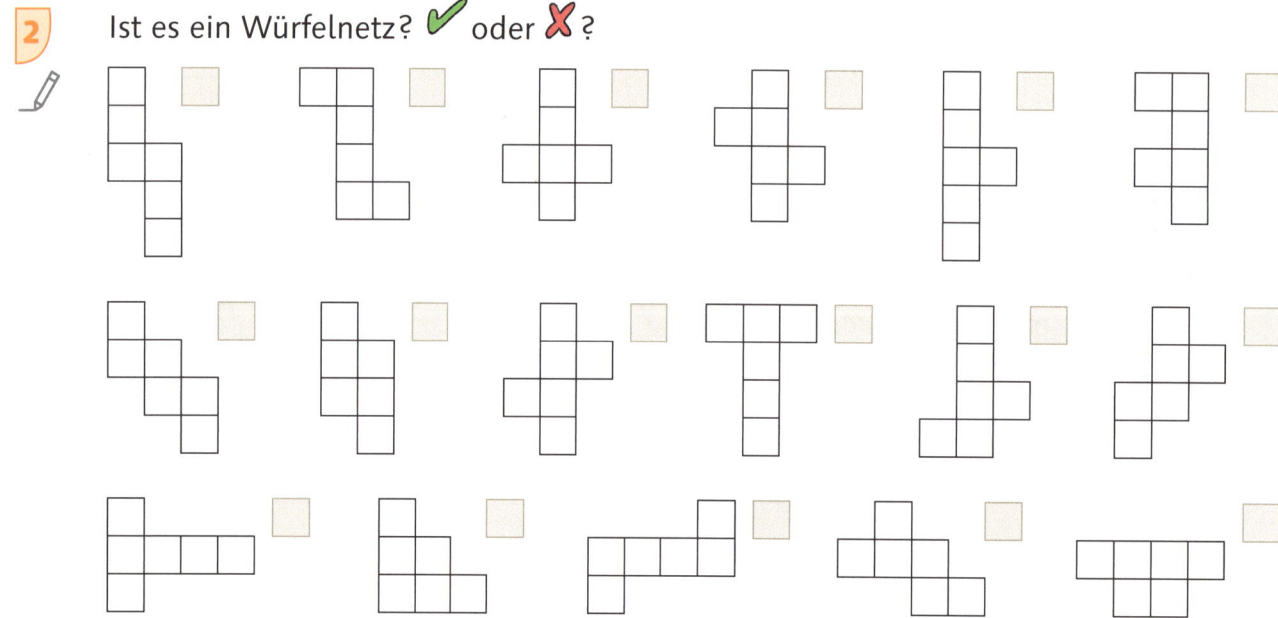

3 Finde bei **2** drei deckungsgleiche Paare. Kreise ein.

Deckungsgleich bedeutet, dass zwei Würfelnetze genau aufeinanderpassen.

Mit den SuS herausarbeiten, dass ein Würfelnetz immer aus 6 Quadraten besteht. **1.** Würfelnetze finden, falten und zeichnen. **3.** Lösungen mit Material überprüfen, z.B. mit ausgeschnittenem Karopapier.

4 Ergänze zu einem Würfelnetz. Finde verschiedene Möglichkeiten.

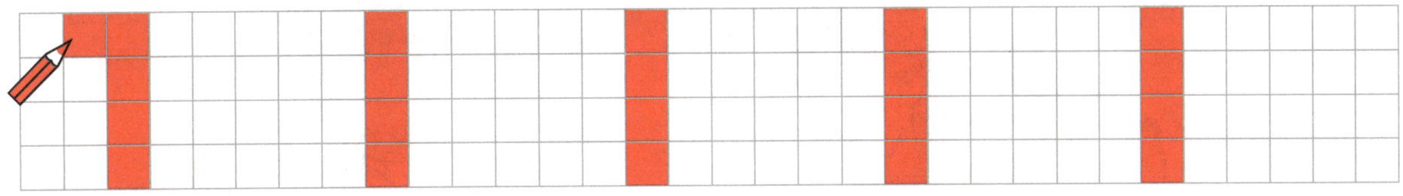

5 Ergänze zu einem Würfelnetz. Finde verschiedene Möglichkeiten.

a)

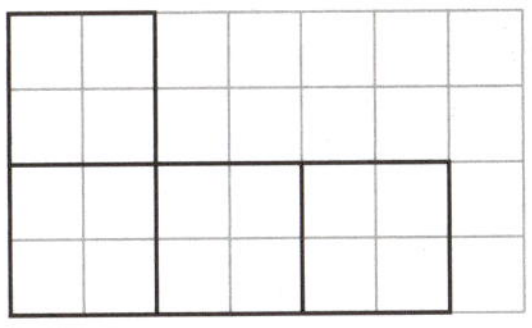

b)

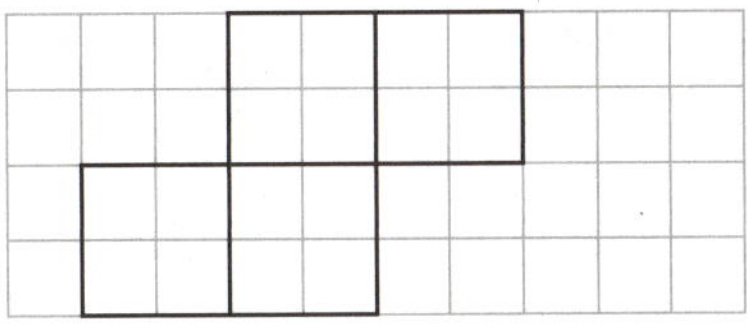

c)

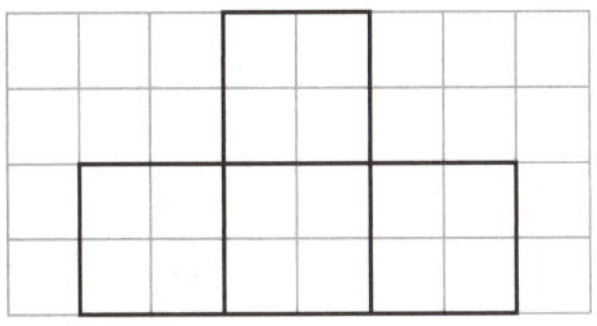

d)

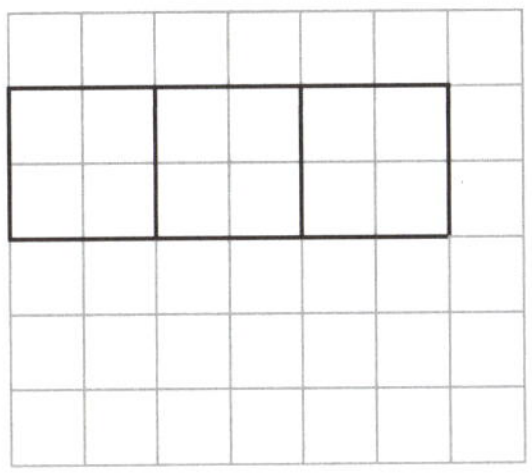

e)

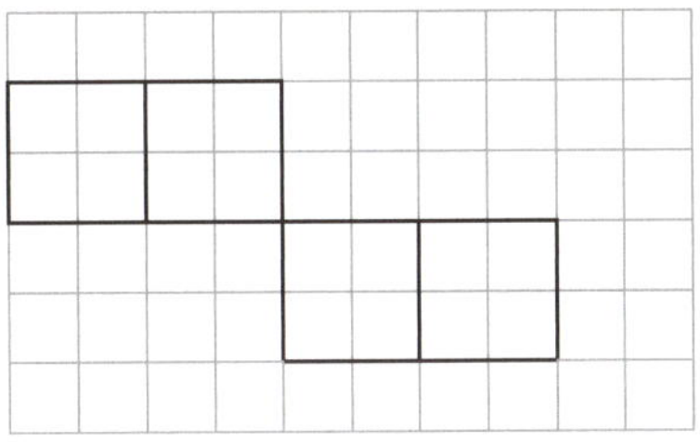

f)

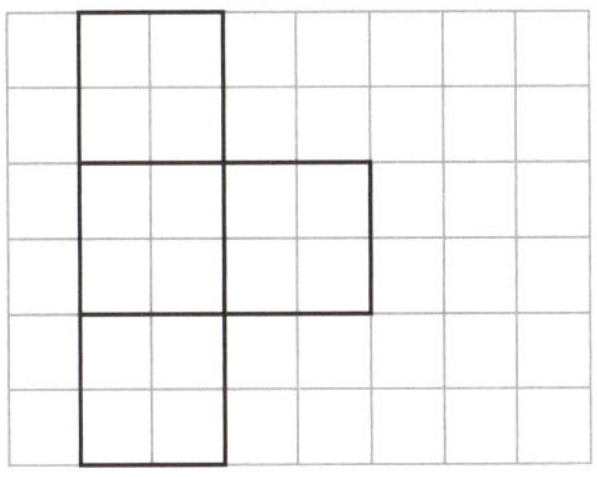

6 Verschiebe ein Quadrat so, dass ein Würfelnetz entsteht.

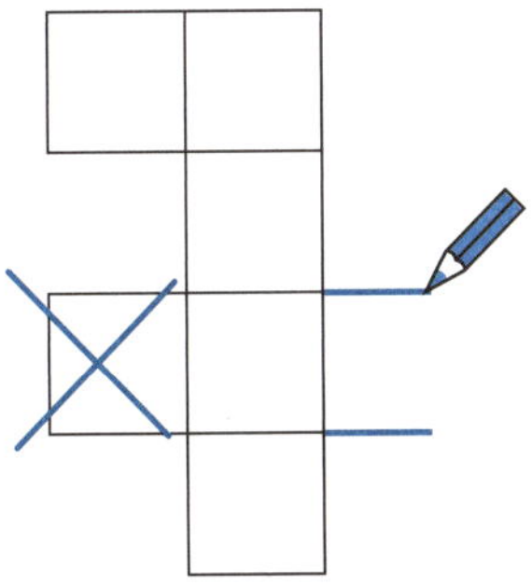

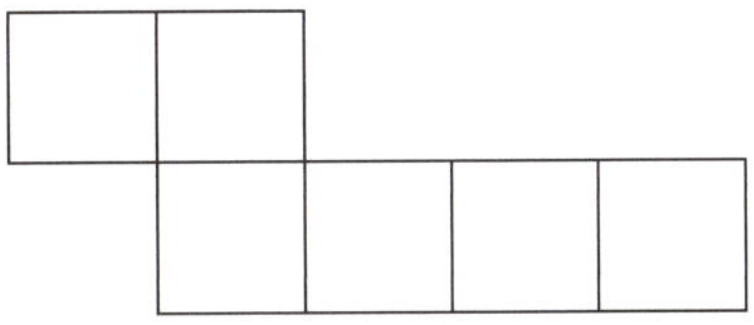

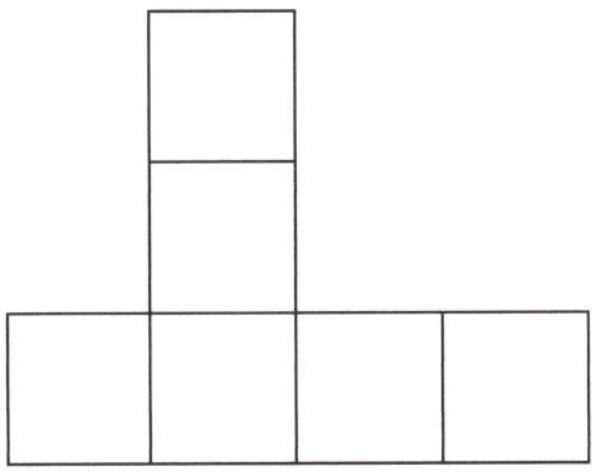

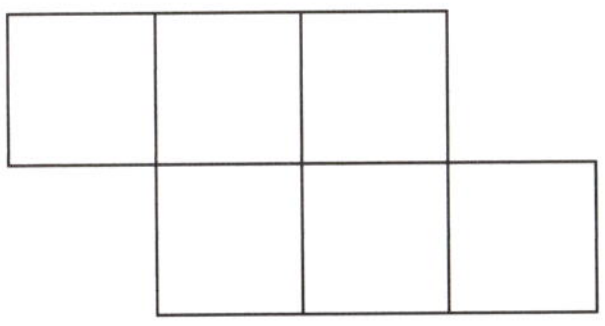

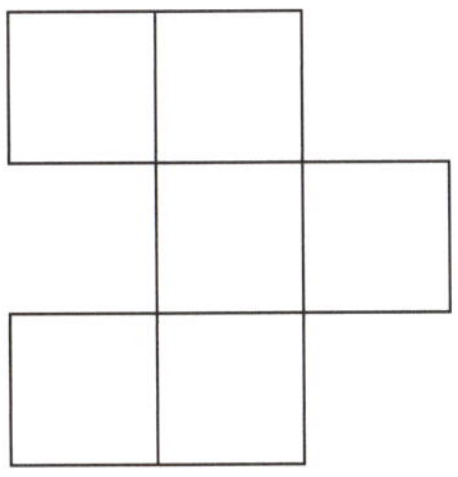

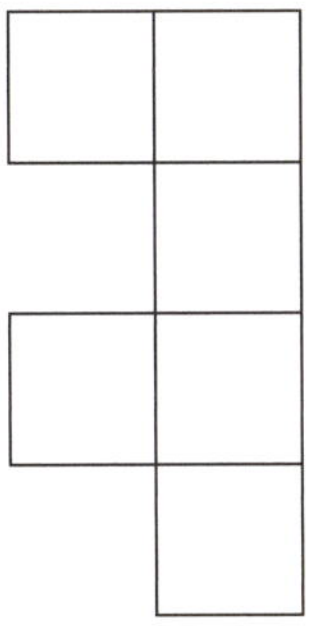

7 Wie viele verschiedene Würfelnetze gibt es insgesamt?
Kannst du sie sortieren?
Wie gehst du vor?

Deckungsgleiche Würfelnetze sortiere ich aus.

4.–6. ↓ Lösungen durch Falten überprüfen. **6.** Es gibt mehrere Möglichkeiten, das Quadrat zu verschieben.
7. Es gibt 11 verschiedene Würfelnetze.

Spielwürfel

 1 Ich untersuche meinen Spielwürfel.

Wenn ich alle 6 Augenzahlen eines Würfels addiere, dann erhalte ich ____ .

Wenn die obere Augenzahl ⚄ zeigt, ist die untere ____ .

Wenn ich die Augenzahlen der gegenüberliegenden Seiten addiere,

erhalte ich ____ .

Wenn ich immer zwei Augenzahlen addiere, erhalte ich als Ergebnis

alle Zahlen zwischen ____ und ____ .

 2 Kippe den Spielwürfel auf die graue Fläche.
Welche Augenzahl liegt nach dem Kippen oben?

a)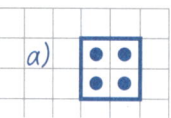

b)

c)

d)

e)

f)

g)

 3 Kippe immer 2-mal.
Welche Zahlen können oben liegen?

a)

b)

1.–3. Material nutzen. Hinweis: Die Summe der gegenüberliegenden Augenzahlen ergibt immer 7.
Die Anordnung der Augenzahlen auf Würfeln ist nicht genormt.

44

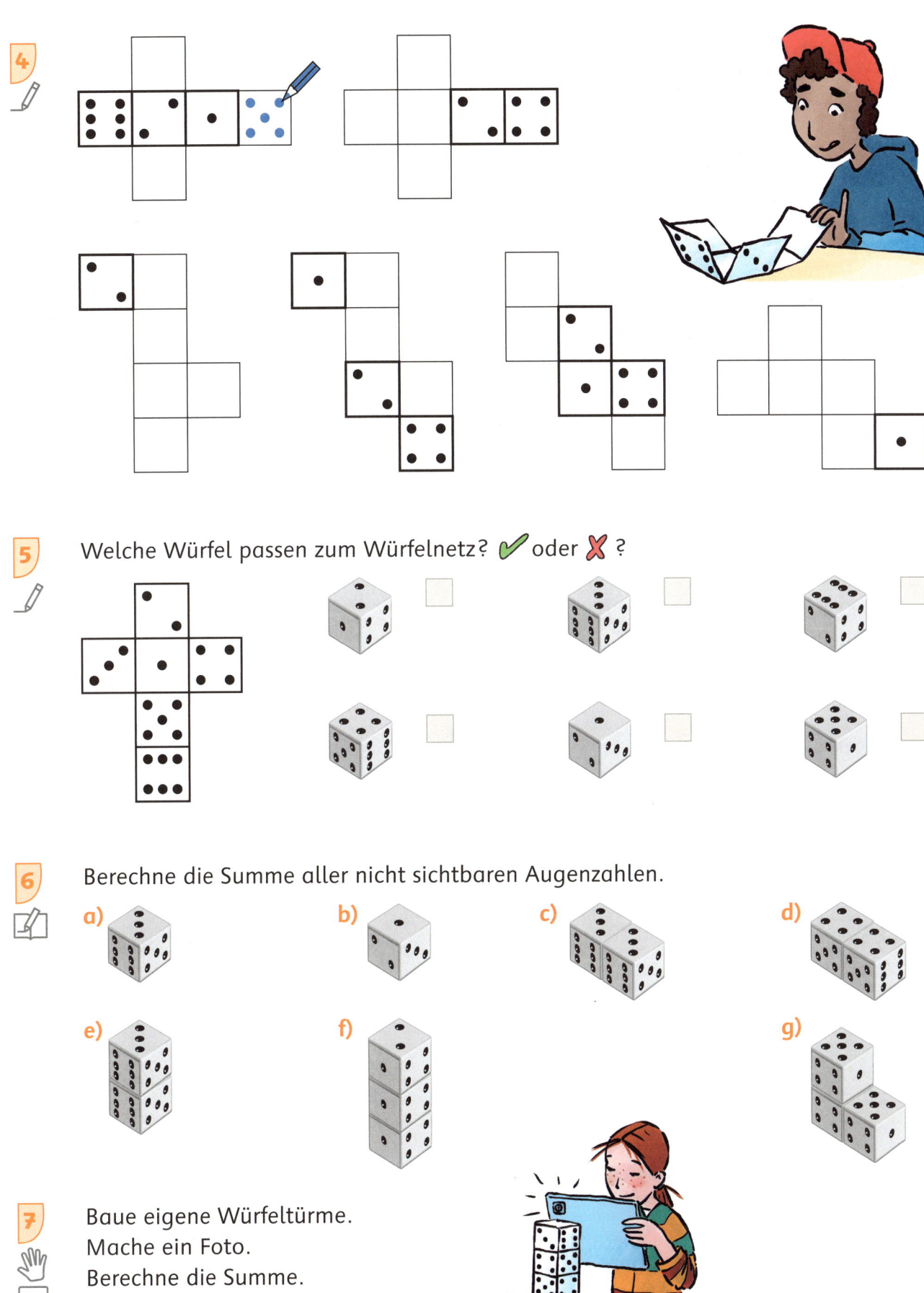

4

5 Welche Würfel passen zum Würfelnetz? ✔ oder ✘ ?

6 Berechne die Summe aller nicht sichtbaren Augenzahlen.

a)   b)   c)   d)

e)   f)   g)

7 Baue eigene Würfeltürme.
Mache ein Foto.
Berechne die Summe.

6. Format: Gesamtaugenzahl pro Würfel (21) mal Anzahl der Würfel minus Summe der sichtbaren Augenzahlen.
↓ SuS berechnen die Summe aller sichtbaren Augenzahlen.

45

Addition bis 1000

1

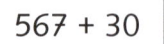

600 + 300		207 + 4
293 + 4		450 + 30
400 + 30		697 + 40
471 + 385		349 + 200
340 + 40		658 + 199
720 + 200		567 + 30
567 + 30		235 + 123
235 + 500		825 + 9
200 + 3		300 + 100
840 + 29		840 + 29

132 + 24 = 156
1. Summand   2. Summand   Summe

leicht

schwer

2 Löse die leichten Aufgaben im Heft.

3 Erkläre deinen Rechenweg.

Helfen mir hier Rechenwege, die ich schon kenne?

1. SuS schätzen individuell ein, was eine leichte/schwere Aufgabe für sie ist.

4 Wie löst Samu die Aufgabe? In welcher Reihenfolge? $\boxed{324 + 213}$

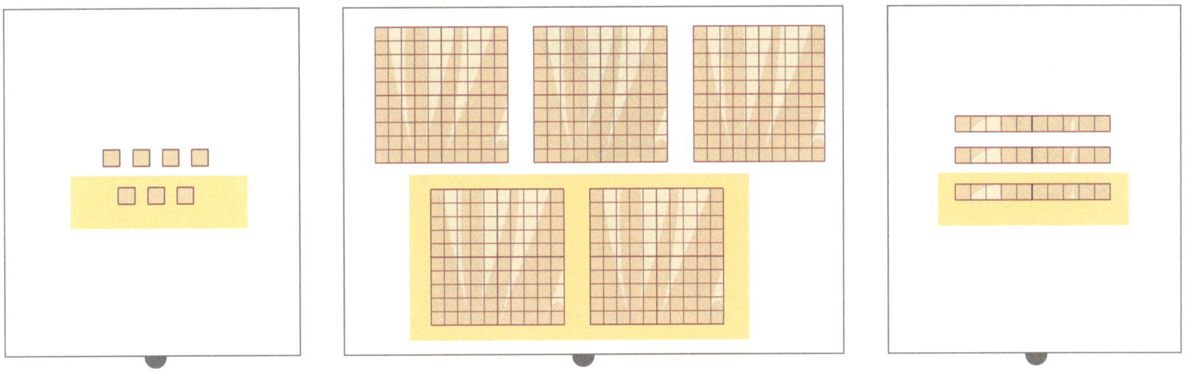

Dann addiere ich die Zehner: 20 + 10

Zuletzt addiere ich die Hunderter: 300 + 200

Ich addiere zuerst die Einer: 4 + 3

Rechnung von Samu:

4. Am Ende addiere ich alle 3 Summen.

5 Rechne wie Ella. $\boxed{483 + 216}$

Ich addiere zu 483 zuerst 6. So erhalte ich 489.

Dann addiere ich 10. Das Ergebnis ist 499.

Zuletzt addiere ich 200. Das Ergebnis ist 699.

Rechnung von Ella:

4. Lösungsweg in die richtige Reihenfolge bringen, nachvollziehen und beschreiben. Rechenschritte notieren.
5. ↑ SuS besprechen Ellas Rechenweg mit einem Partnerkind.

47

Riesen und Zwerge

S. 22

1

6 + 3		7 + 2	5 + 4
	65 + 4		
765 + 4	76 + 3	4 + 5	234 + 5
937 + 2	34 + 5	876 + 3	37 + 2

2

4 + 3 =	5 + 4 =	3 + 6 =	3 + 5 =
24 + 3 =	25 + 4 =	43 + 6 =	13 + 5 =
164 + 3 =	305 + 4 =	153 + 6 =	503 + 5 =
754 + 3 =	655 + 4 =	723 + 6 =	843 + 5 =
2 + 7 =	6 + 2 =	1 + 8 =	5 + 2 =
92 + 7 =	46 + 2 =	71 + 8 =	55 + 2 =
882 + 7 =	736 + 2 =	611 + 8 =	465 + 2 =
992 + 7 =	886 + 2 =	771 + 8 =	575 + 2 =

3

4 + 3 =	6 + 3 =	588 + 1 =	727 + 2 =
214 + 3 =	676 + 3 =	8 + 1 =	7 + 2 =

1. Drei passende Aufgaben in einer Farbe anmalen. ↑ SuS rechnen Aufgaben im Heft aus.

4 Nutze .

 a) 251 + 6

a)	2	5	1	+	6	=			
			1	+	6	=		7	

362 + 5
775 + 3
212 + 4

b) 851 + 7
633 + 5
712 + 6
305 + 3

c) 953 + 2
456 + 1
894 + 3
307 + 2

d) 317 + 2
238 + 1
404 + 4
900 + 9

5 Finde passende Riesenaufgaben.

6 + 3 =   4 + 4 =   6 + 2 =

26 + 3 =   ___ + ___ =   ___ + ___ =

___ + ___ =   ___ + ___ =   ___ + ___ =

___ + ___ =   ___ + ___ =   ___ + ___ =

3 + 4 =   4 + 5 =   2 + 7 =

___ + ___ =   ___ + ___ =   ___ + ___ =

___ + ___ =   ___ + ___ =   ___ + ___ =

___ + ___ =   ___ + ___ =   ___ + ___ =

6 Was ändert sich?

8 +   1 =   6 +   1 =   7 +   2 =

80 + 10 =   60 + 10 =   70 + 20 =

800 + 100 =   600 + 100 =   700 + 200 =

Antwort:

7 Finde eigene Päckchen wie in **6**.

___ + ___ = ___   ___ + ___ = ___

___ + ___ = ___   ___ + ___ = ___

___ + ___ = ___   ___ + ___ = ___

5./7. Verschiedene Lösungen möglich.

49

Eine Stelle ändert sich

 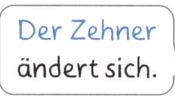

Der Hunderter ändert sich.

Der Zehner ändert sich.

Der Einer ändert sich.

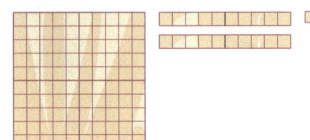

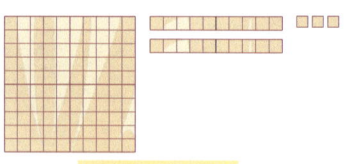

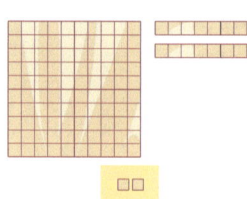

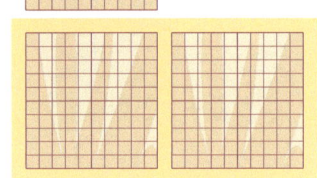

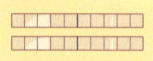

123 + 200 = **3**23

123 + 20 =1**4**3

123 + 2 = 12**5**

1 Welche Stelle ändert sich?

500 + 300 =	320 + 40 =	652 + 200 =
100 + 700 =	450 + 30 =	347 + 300 =
300 + 400 =	210 + 60 =	586 + 400 =
200 + 500 =	320 + 50 =	393 + 600 =
H ☐ Z ☐ E ☐	H ☐ Z ☐ E ☐	H ☐ Z ☐ E ☐

750 + 200 =	351 + 6 =	215 + 3 =
680 + 300 =	470 + 1 =	236 + 2 =
870 + 100 =	766 + 2 =	700 + 8 =
110 + 700 =	772 + 7 =	666 + 3 =
H ☐ Z ☐ E ☐	H ☐ Z ☐ E ☐	H ☐ Z ☐ E ☐

683 + 10 =	427 + 20 =	618 + 1 =
339 + 50 =	509 + 80 =	356 + 2 =
473 + 20 =	723 + 70 =	604 + 4 =
916 + 70 =	886 + 10 =	941 + 8 =
H ☐ Z ☐ E ☐	H ☐ Z ☐ E ☐	H ☐ Z ☐ E ☐

 S. 23

1. Aufgaben mit Material legen und berechnen. Ankreuzen, welche Stelle sich in dem Aufgabenpaket jeweils ändert.

 253+344

50

2

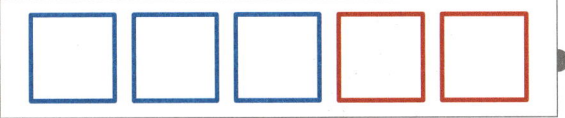

140 + 20	160

230 + 100	500

163 + 4	167

300 + 200	330

3

946 + 30 = 　　　　946 + 30 =

946 + 30 =	846 + 20 =	387 + 10 =
290 + 6 =	324 + 70 =	118 + 1 =
401 + 80 =	177 + 800 =	19 + 900 =
325 + 500 =	751 + 4 =	913 + 50 =
341 + 7 =	817 + 70 =	918 + 1 =
606 + 90 =	663 + 5 =	369 + 600 =
370 + 500 =	925 + 50 =	423 + 50 =
296 + 400 =	278 + 600 =	900 + 90 =

4   Bilde passende Sätze zur Aufgabe.

a) 628 + 30

b) 542 + 200

c) 784 + 4

d) 143 + 5

e) 237 + 60

Der 1. Summand …

… und … bleiben gleich.

Der Einer …

… wird um … größer.

… bleibt gleich.

Der Hunderter …

Der Zehner …

… wird größer.

---

3. ↑ SuS schreiben eigene Aufgaben ins Heft, bei denen sich eine Stelle ändert.

Ich ergänze zum Nachfolge-Hunderter.

180 + 20

1 Immer der NH.

 430    590    620    150    360

680 ist verliebt in die 20. Der NH ist 700.

2

280 + ___ = 300	450 + ___ = 500	850 + ___ = 900
460 + ___ = 500	370 + ___ = 400	160 + ___ = 200
790 + ___ = 800	620 + ___ = 700	360 + ___ = 400

3

150 + ___ = ___	310 + ___ = ___	290 + ___ = ___
470 + ___ = ___	550 + ___ = ___	730 + ___ = ___
820 + ___ = ___	680 + ___ = ___	410 + ___ = ___

4

57 + ___ = 100	345 + ___ = 400	146 + ___ = 200
12 + ___ = 100	782 + ___ = 800	851 + ___ = 900
94 + ___ = 100	614 + ___ = 700	963 + ___ = 1000

5

783 + ___ = ___	189 + ___ = ___	934 + ___ = ___
357 + ___ = ___	426 + ___ = ___	831 + ___ = ___
625 + ___ = ___	274 + ___ = ___	746 + ___ = ___

Vorbereitung auf den Rechenweg „Verliebt in den Hunderter".
Nachbarhunderter wiederholen: Vorgänger-Hunderter (VH) und Nachfolge-Hunderter (NH).

Vom Hunderter weiter

S. 25

1

200 + 90 =

500 + 20 =

400 + 80 =

200 + 70 =

100 + 50 =

200 + 60 =

100 + 45 =

300 + 63 =

200 + 91 =

2

500 + 90 =   100 + 9 =   200 +   = 210   300 +   = 301

300 + 90 =   100 + 6 =   400 +   = 430   500 +   = 505

700 + 30 =   200 + 6 =   100 +   = 150   600 +   = 609

3

800 + 24 =   300 + 65 =   200 +   = 256   700 +   = 761

300 + 82 =   300 + 29 =   300 +   = 319   800 +   = 849

600 + 35 =   300 + 67 =   600 +   = 621   900 +   = 975

4

| Der 1. Summand ist 700. | Der 2. Summand ist 9. | Die Summe ist 409. |

| Der 1. Summand ist ____ . | Der 2. Summand ist ____ . | Die Summe ist 336. |

| Der 1. Summand ist 300. | Der 2. Summand ist 88. | Die Summe ist 717. |

| Der 1. Summand ist ____ . | Der 2. Summand ist ____ . | Die Summe ist 588. |

Verliebt in den Hunderter

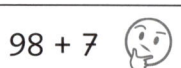

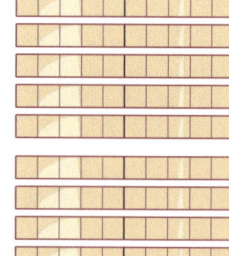

$$98 \quad + 7 \quad = 105$$
$$98 + 2 + 5 = 105$$

Plus 2 ☐ bis
zum Hunderter.

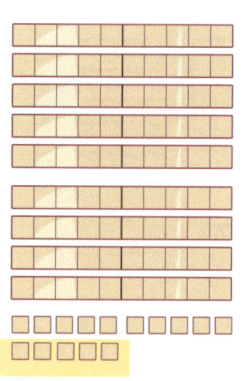

Dann
plus 5 ☐.

1

99 + 6 = ☐   97 + 5 = ☐   98 + 4 = ☐

99 + ☐ + ☐ = ☐   97 + ☐ + ☐ = ☐   98 + ☐ + ☐ = ☐

94 + 9 = ☐   95 + 8 = ☐   96 + 8 = ☐

94 + ☐ + ☐ = ☐   95 + ☐ + ☐ = ☐   96 + ☐ + ☐ = ☐

---

2 Nutze ☐.

a)	b)	c)	d)	e)
196 + 5	899 + 6	197 + 4	296 + 9	98 + 5
399 + 3	198 + 8	797 + 9	898 + 4	394 + 9
898 + 9	493 + 9	898 + 6	898 + 9	794 + 7
395 + 9	399 + 3	298 + 3	798 + 8	996 + 8

3

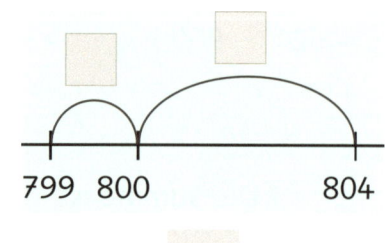

799 + ☐ = 804

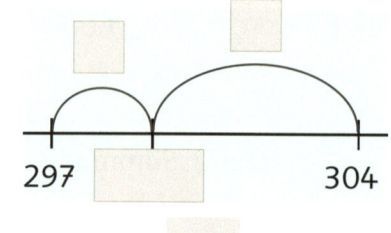

297 + ☐ = 304

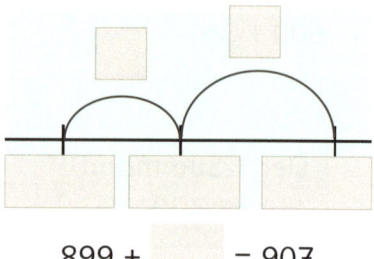

899 + ☐ = 907

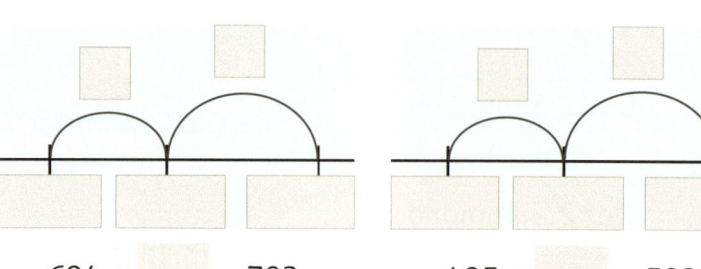

694 + ☐ = 703

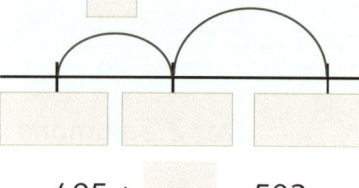

495 + ☐ = 502

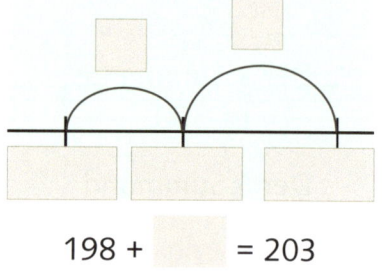

198 + ☐ = 203

80 + 50

80 + 50 = 130
80 + 20 + 30 = 130

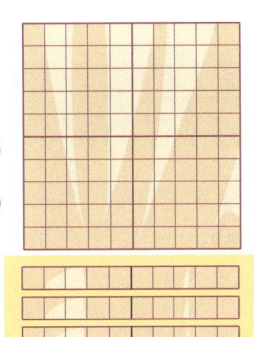

Plus 2 bis zum Hunderter.

Dann plus 3 .

4

70 + 80 = ____

70 + 30 + 50 = ____

7 + 3 + 5 = 15
Nutze .

90 + 30 = ____

____ + ____ = ____

80 + 40 = ____

____ + ____ = ____

60 + 70 = ____

____ + ____ = ____

120 + 90 = ____

____ + ____ = ____

680 + 30 = ____

____ + ____ = ____

5

a) 80 + 60
70 + 60
560 + 60

b) 90 + 50
90 + 40
290 + 30

c) 90 + 80
80 + 70
370 + 60

d) 40 + 70
50 + 60
410 + 100

e) 550 + 60
280 + 90
960 + 50

6

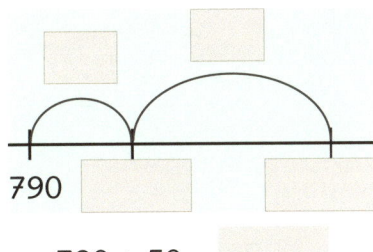

790 + 50 = ____

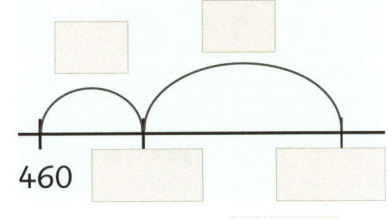

460 + 80 = ____

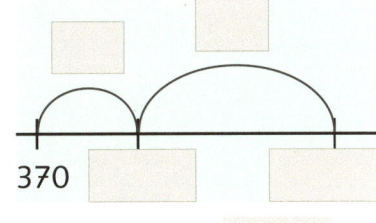

370 + 90 = ____

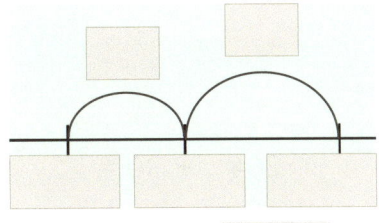

690 + 80 = ____

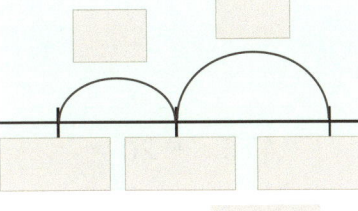

470 + 90 = ____

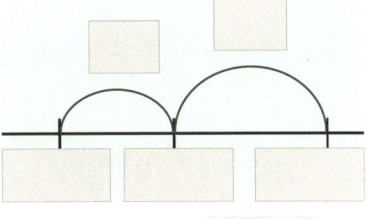

890 + 90 = ____

Die Hilfsaufgabe

240 + 59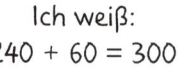

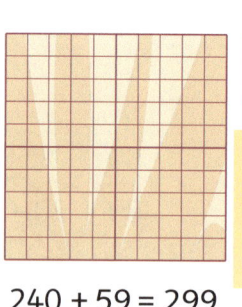
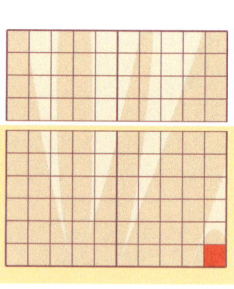

Ich weiß:
240 + 60 = 300

240 + 59 = 299
↓ +1
240 + 60 = 300
300 − 1 = 299

Das Ergebnis
ist 1 weniger:
240 + 59 = 299

---

1 Welche Aufgabe hilft?

| 365 + 29 | 423 + 159 | 214 + 299 | 163 + 9 | 514 + 79 |

| 214 + 300 | 514 + 80 | 423 + 160 | 365 + 30 | 163 + 10 |

2

243 + ⑨ =

243 + 10 = 253

253 − 1 =

869 + 9 =

___ + ___ =

___ − ___ =

413 + 9 =

___ + ___ =

___ − ___ =

769 + 9 =

___ + ___ =

___ − ___ =

376 + 9 =

___ + ___ =

___ − ___ =

888 + 9 =

___ + ___ =

___ − ___ =

3

476 + 19 =

264 + 29 =

346 + 39 =

346 + 40 =

___ − 1 =

476 + 20 =

___ − 1 =

264 + 30 =

___ − 1 =

---

2. ↓ Hinweis: SuS kreisen die zu verändernde Zahl ein.

4 617 + 59 = ⬚

⬚ + ⬚ = ⬚

⬚ − ⬚ = ⬚

113 + 79 = ⬚

⬚ + ⬚ = ⬚

⬚ − ⬚ = ⬚

Ich erhöhe um 1:
59 → 60

103 + 49 = ⬚

⬚ + ⬚ = ⬚

⬚ − ⬚ = ⬚

423 + 69 = ⬚

⬚ + ⬚ = ⬚

⬚ − ⬚ = ⬚

5 527 + 239 = ⬚

618 + 130 = ⬚

⬚ − 1 = ⬚

323 + 349 = ⬚

527 + 240 = ⬚

⬚ − 1 = ⬚

618 + 129 = ⬚

323 + 350 = ⬚

⬚ − 1 = ⬚

6 618 + 299 = ⬚

⬚ + ⬚ = ⬚

⬚ − ⬚ = ⬚

287 + 509 = ⬚

⬚ + ⬚ = ⬚

⬚ − ⬚ = ⬚

Ich erhöhe um 1:
299 → 300

336 + 129 = ⬚

⬚ + ⬚ = ⬚

⬚ − ⬚ = ⬚

316 + 499 = ⬚

⬚ + ⬚ = ⬚

⬚ − ⬚ = ⬚

7 Nutze.

a) 437 + 9
578 + 9
823 + 9

b) 714 + 39
857 + 29
342 + 49

c) 345 + 599
723 + 199
276 + 499

a)	4	3	7	+		9	=		
	4	3	7	+	1	0	=	4	4	7
	4	4	7	−		1	=		

d) 756 + 129
351 + 439
512 + 269

e) 29 + 452
399 + 587
139 + 236

f) 512 + 249
605 + 69
215 + 479

g) 532 + 98
124 + 168
538 + 248

326 + 247

Zum 1. Summanden addiere ich die Hunderter.

Dann addiere ich die Zehner.

Zuletzt die Einer.

3	2	6	+	2	4	7	=		
3	2	6	+	**2**	**0**	**0**	=	5	2	6

3	2	6	+	2	4	7	=		
3	2	6	+	2	0	0	=	5	2	6
5	2	6	+		**4**	**0**	=	5	6	6

3	2	6	+	2	4	7	=		
3	2	6	+	2	0	0	=	5	2	6
5	2	6	+		4	0	=	5	6	6
5	6	6	+			**7**	=	5	7	3

1

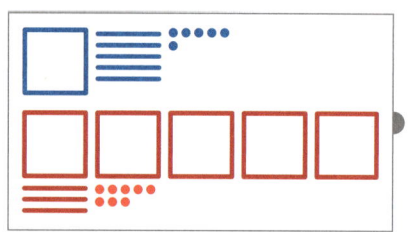

456 + 35

3	2	8	+	6	0	0	=	9	2	8
9	2	8	+		3	0	=	9	5	8
2	5	8	+			4	=	9	6	2

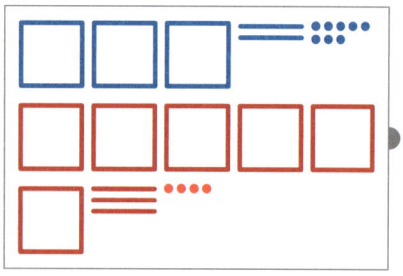

447 + 138

4	5	6	+		3	0	=	4	8	6
4	8	6	+			5	=	4	9	1

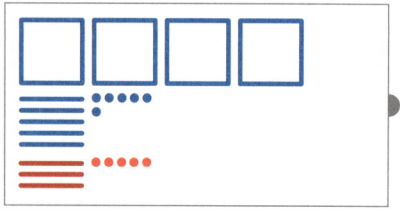

328 + 634

1	5	6	+	5	0	0	=	6	5	6
6	5	6	+		3	0	=	6	8	6
6	8	6	+			8	=	6	9	4

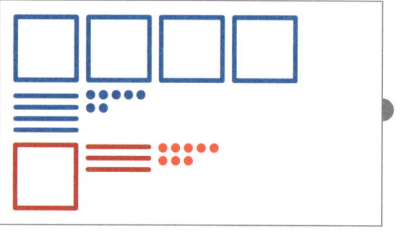

156 + 538

4	4	7	+	1	0	0	=	5	4	7
5	4	7	+		3	0	=	5	7	7
5	7	7	+			8	=	5	8	5

2

3	2	1	+	5	7	=		
			+			=		
			+			=		

5	0	7	+	4	5	=		
			+			=		
			+			=		

2	6	3	+	2	8	=		
			+			=		
			+			=		

1. Aufgabe mit passender Darstellung und Rechnung verbinden.

3

3	6	2	+	1	2	5	=		
			+				=		
			+				=		
			+				=		

1	4	1	+	5	3	2	=		
			+				=		
			+				=		
			+				=		

4	4	7	+	2	1	8	=		
			+				=		
			+				=		
			+				=		

4	4	5	+	2	3	7	=		
			+				=		
			+				=		
			+				=		

1	3	5	+	5	5	8	=		
			+				=		
			+				=		
			+				=		

4	3	3	+	4	4	6	=		
			+				=		
			+				=		
			+				=		

2	4	6	+	4	4	7	=		
			+				=		
			+				=		
			+				=		

5	2	1	+	3	3	9	=		
			+				=		
			+				=		
			+				=		

4

a) 549 + 36
816 + 69
607 + 82
428 + 54

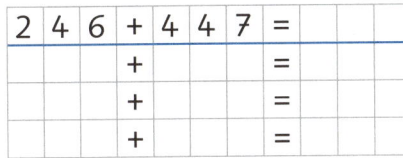

a)	5	4	9	+	3	6	=			
	5	4	9	+	3	0	=	5	7	9
	5	7	9	+		6	=			

b) 303 + 388
354 + 239
612 + 229
242 + 239

c) 402 + 288
263 + 129
523 + 119
353 + 348

d) 546 + 317
629 + 143
419 + 254
657 + 129

e) 367 + 494
356 + 487
537 + 289
532 + 389

f) 365 + 314
291 + 366
687 + 291
266 + 699

g) 876 + 123
654 + 345
432 + 567
321 + 666

5

a) 534 + 242

b) 364 + 28

c) 108 + 57

d) 712 + 65

e) 436 + 352

f) 224 + 651

g) 742 + 229

h) 673 + 218

i) 293 + 429

j) 334 + 674

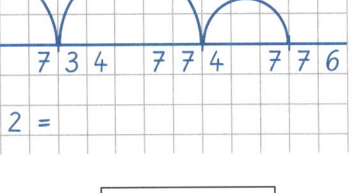

a) 200 40 2

534 ... 734 774 776

534 + 242 =

5. ↑ Partnerarbeit: Eigene Aufgaben erstellen und vom Partnerkind lösen lassen.

Stellenweise addieren

421 + 346

Zuerst addiere ich die Hunderter.
Dann addiere ich die Zehner.
Zuletzt addiere ich die Einer.

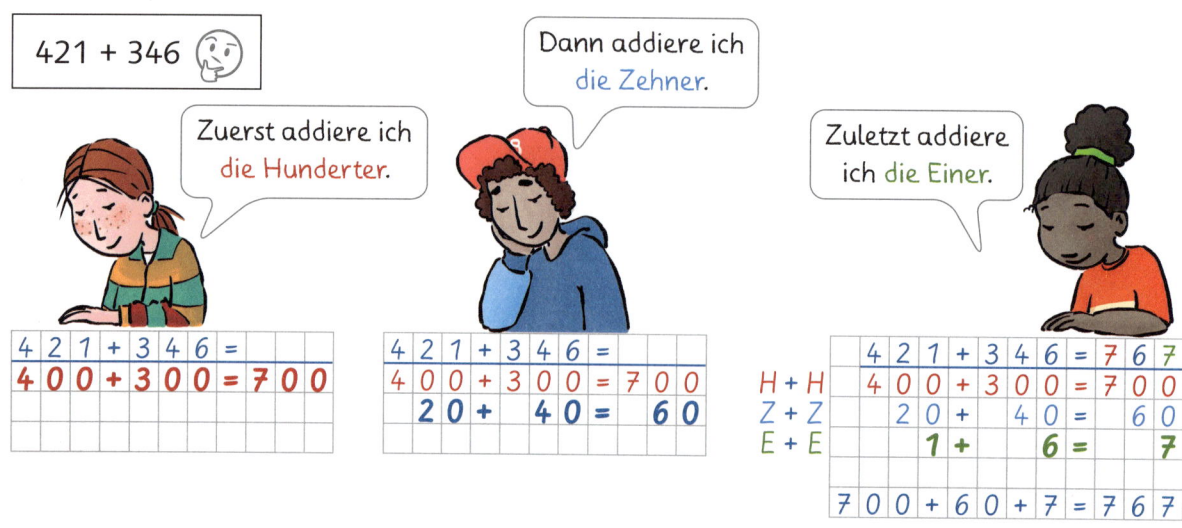

4 2 1 + 3 4 6 =
4 0 0 + 3 0 0 = 7 0 0

4 2 1 + 3 4 6 =
4 0 0 + 3 0 0 = 7 0 0
2 0 + 4 0 = 6 0

4 2 1 + 3 4 6 = 7 6 7
H + H: 4 0 0 + 3 0 0 = 7 0 0
Z + Z: 2 0 + 4 0 = 6 0
E + E: 1 + 6 = 7
7 0 0 + 6 0 + 7 = 7 6 7

1

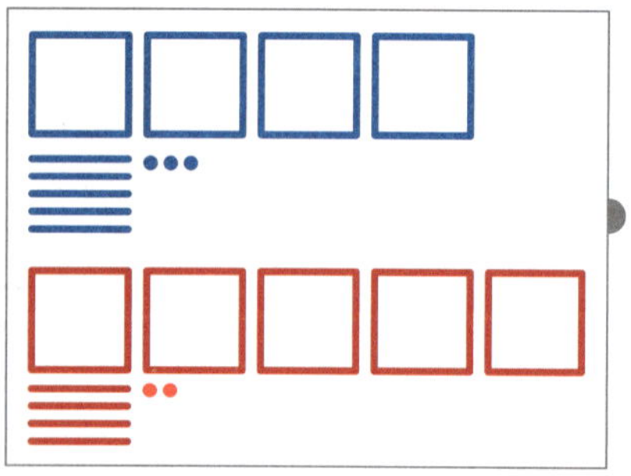

784 + 215

3 0 0 + 2 0 0 = 5 0 0
1 0 + 7 0 = 8 0
4 + 4 = 8
5 0 0 + 8 0 + 8 =

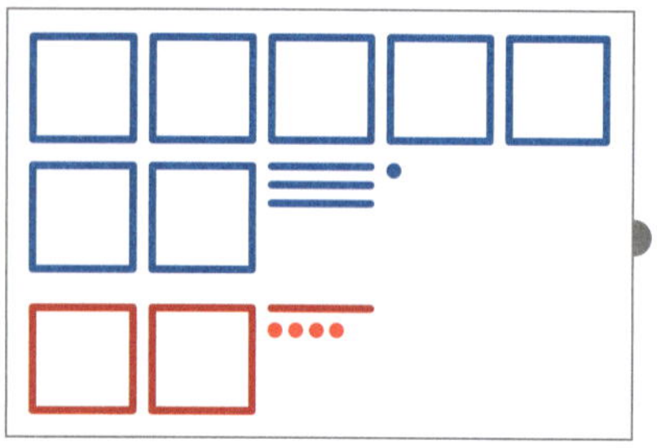

453 + 542

4 0 0 + 5 0 0 = 9 0 0
5 0 + 4 0 = 9 0
3 + 2 = 5
9 0 0 + 9 0 + 5 =

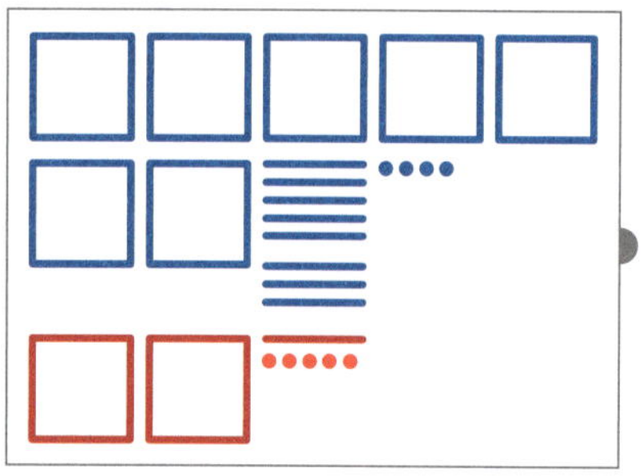

314 + 274

7 0 0 + 2 0 0 = 9 0 0
3 0 + 1 0 = 4 0
1 + 4 = 5
9 0 0 + 4 0 + 5 =

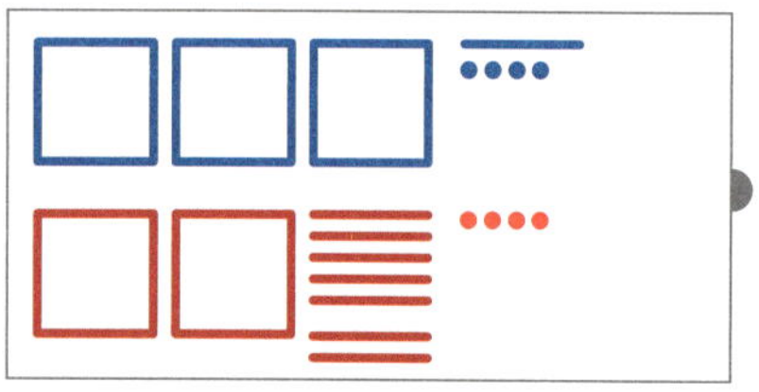

731 + 214

7 0 0 + 2 0 0 = 9 0 0
8 0 + 1 0 = 9 0
4 + 5 = 9
9 0 0 + 9 0 + 9 =

1. Aufgabe mit passender Darstellung und Rechnung verbinden. ↑ Partnerarbeit: Eigene Verbindeaufgaben erstellen und von Partnerkind lösen lassen.

2

	5	6	7	+	1	2	1	=		
				+				=		
				+				=		
				+				=		
			+			+		=		

	3	4	3	+	2	5	4	=		
				+				=		
				+				=		
				+				=		
			+			+		=		

Ich schreibe stellengerecht untereinander.

	2	5	6	+	2	0	2	=		
				+				=		
				+				=		
				+				=		
			+			+		=		

	4	3	5	+	3	2	1	=		
				+				=		
				+				=		
				+				=		
			+			+		=		

	4	6	1	+	2	3	8	=		
				+				=		
				+				=		
				+				=		
			+			+		=		

	1	2	5	+	6	7	3	=		
				+				=		
				+				=		
				+				=		
			+			+		=		

3

a)
624 + 255
812 + 125
192 + 706
561 + 427

b)
721 + 175
481 + 418
237 + 121
616 + 218

c)
428 + 222
396 + 344
802 + 179
606 + 209

d)
406 + 529
673 + 219
615 + 166
814 + 178

e)
562 + 219
354 + 237
367 + 509
835 + 128

f)
339 + 658
755 + 233
418 + 464
767 + 209

g)
843 + 116
155 + 832
452 + 519
886 + 118

h)
718 + 109
666 + 173
108 + 891
443 + 529

4

Welche Aufgabe rechnest du mit $\begin{matrix} H+H \\ Z+Z \\ E+E \end{matrix}$?

119 + 248 = ⬚ □

700 + 2 = ⬚ □

156 + 221 = ⬚ □

600 + 23 = ⬚ □

722 + 229 = ⬚ □

900 + 20 = ⬚ □

3. ↑ Partnerarbeit: Eigene Aufgaben ins Heft schreiben und von Partnerkind lösen lassen.

Schriftliche Addition ohne Übertrag

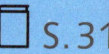

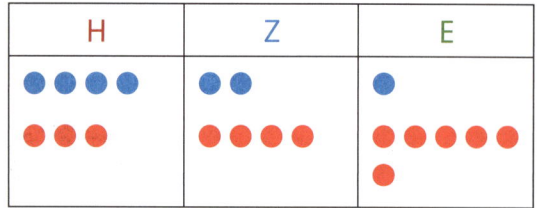

421 + 346

H	Z	E
4	2	1
+ 3	4	6
7	6	7

Ich addiere zuerst die Einer, dann die Zehner und zuletzt die Hunderter.

1 Bringe in die richtige Reihenfolge.

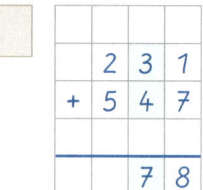

H	Z	E

Ich addiere die Zehner:
30 + 40 = 70

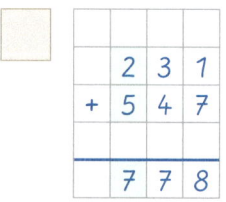

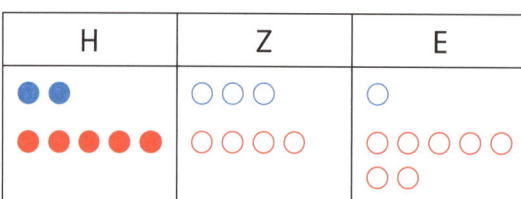

Ich addiere die Hunderter:
200 + 500 = 700

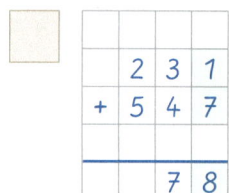

Ich addiere die Einer:
1 + 7 = 8

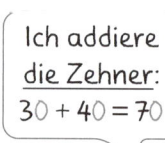
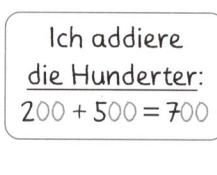

2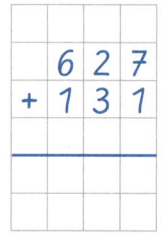

	6	2	7
+	1	3	1

	4	3	3
+	1	4	3

	1	2	3
+	7	2	3

	5	3	7
+	1	1	2

	5	1	1
+	1	1	2

	4	6	6
+	1	1	1

	2	7	5
+	3	1	1

	2	6	1
+	4	2	1

	7	5	0
+		3	6

	7	1	7
+	1	5	1

	7	5	5
+	1	1	1

	3	7	2
+	1	2	6

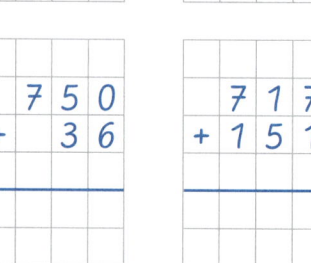
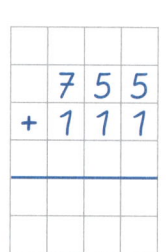
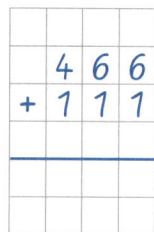
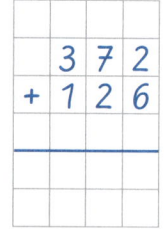

3

a) 318 + 451
403 + 463
672 + 116
628 + 260

b) 161 + 312
365 + 421
833 + 104
628 + 251

Ich schreibe stellengerecht untereinander.

c) 530 + 351
489 + 410
422 + 207
532 + 323

d) 244 + 121
350 + 347
875 + 111
887 + 100

e) 522 + 114
118 + 771
652 + 134
441 + 243

f) 881 + 102
872 + 114
867 + 112
218 + 511

4

```
    6 5 4
  +
  ─────────
    7 8 9
```

```
    6 6 6
  +
  ─────────
    9 9 9
```

```
    3 1 5
  +
  ─────────
    6 7 7
```

```
    4 0 1
  +
  ─────────
    7 8 5
```

```
    4 5 4
  +
  ─────────
    9 9 9
```

```
    8 3 7
  +
  ─────────
    9 4 9
```

```
    5 1 2
  +
  ─────────
    7 6 3
```

```
    3 1 1
  +
  ─────────
    6 2 4
```

```
    5 0 5
  +
  ─────────
    8 1 9
```

```
    3 2 2
  +
  ─────────
    4 3 3
```

```
    4 1 0
  +
  ─────────
    5 7 4
```

```
    6 6 6
  +
  ─────────
    8 9 9
```

```
  +
  ─────────
    6 7 3
```

```
  +
  ─────────
    2 1 5
```

```
  +
  ─────────
    9 2 1
```

```
  +
  ─────────
    3 4 3
```

```
  +
  ─────────
    4 4 7
```

```
  +
  ─────────
    9 8 8
```

5

Welche Aufgabe rechnest du mit ⊞ ?

141 + 237 = ☐   ☐

300 + 3 = ☐   ☐

265 + 223 = ☐   ☐

700 + 40 = ☐   ☐

317 + 511 = ☐   ☐

400 + 65 = ☐   ☐

4. Verschiedene Lösungen in der unteren Reihe möglich.

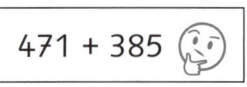

S. 32

4 H + 3 H + 1 H als Übertrag = 8 H.

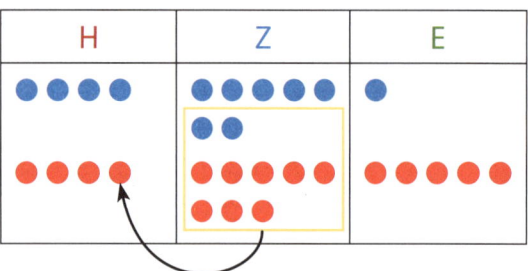

In jeder Spalte können höchstens 9 Plättchen liegen.

7 Z + 8 Z = 15 Z
Ich wechsle 10 Z in 1 H und schreibe den Übertrag.

H	Z	E
4	7	1
+ 3	8	5
1		
8	5	6

Die kleine 1 ist der Übertrag.

1 Bringe in die richtige Reihenfolge.

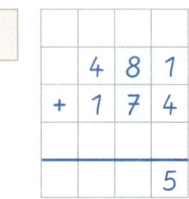

H	Z	E
○○○○	●●●●● ●●●	○
○	●●●●● ●●	○○○○

Dann addiere ich die Zehner: 80 + 70 = 150

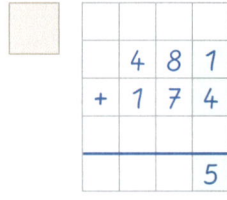

H	Z	E
○○○○	○○○○○ ○○○	●
○	○○○○○ ○○	●●●●

Zuerst addiere ich die Einer: 1 + 4 = 5

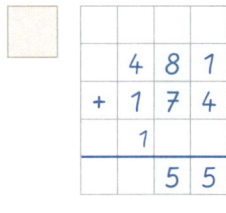

H	Z	E
○○○○	●●●●● ●●●	●
○○	●●●●● ●●	○○○○

Ich wechsle 10 Z in 1 H. Ich notiere 5 unter dem Strich und übertrage 1.

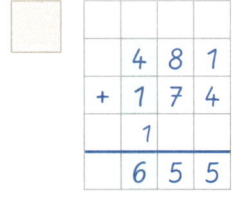

H	Z	E
●●●●	○○○○○ ○○○	○
●●	○○○○○ ○○	○○○○

Dann addiere ich die Hunderter und den Übertrag: 400 + 100 + 100 = 600

2

```
  6 6 1        5 4 8        8 3 2        9 1 2        8 2 5        5 2 0
+ 2 8 4      +   3 6      +   8 4      +   1 9      + 1 4 8      + 3 9 1
```

```
  4 7 5        7 2 5        3 6 4        8 9 4        8 7 2
+ 2 0 8      + 1 7 7      + 2 8 9      +   7 9      +   8 8
```

Einige Aufgaben haben zwei Überträge.

3 Bei welchen Aufgaben gibt es einen Übertrag? Prüfe auf einen Blick. X
Rechne die Aufgaben mit Übertrag.

a)   175   b)   743   c)   406   d)   867   e)   557
   + 314 ☐   + 108 ☐   + 252 ☐   + 129 ☐   + 119 ☐

4 Meine Aufgaben mit Ziffernkarten.   `0` `1` `2` `3` `4` `5` `6` `7` `8` `9`

a) 3 Aufgaben ohne Übertrag.

b) 3 Aufgaben mit Übertrag.

c) 2 Aufgaben mit Übertrag.
Die Summe soll jeweils
höher als 500 sein.

d) 2 Aufgaben mit Übertrag.
Die Summe soll jeweils zwischen
900 und 1000 sein.

Ich lege zuerst meine Aufgabe.

```
  6 7 4
+ 2 4 5
```

5 ✔ oder ✘?

a)
```
  6 0 3
+ 1 2 8
      1
  7 3 1
```
☐

b)
```
  4 6 9
+ 1 4 6
      1
  6 0 5
```
☐

c)
```
  6 8 7
+ 2 7
      1
  9 5 7
```
☐

d)
```
  3 4 6
+ 1 2 5
      1
  4 7 1
```
☐

e)
```
  6 1 7
+ 2 8 3
    1 1
  9 0 1
```
☐

| Übertrag vergessen | nicht stellengerecht geschrieben | falsch gerechnet |

---

5. Prüfen, welche Aufgaben richtig/falsch gerechnet wurden und anhand der vorgegebenen Wortkarten den Fehler benennen.

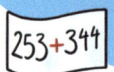

Alle Rechenwege

Riesen und Zwerge	Verliebt in den Hunderter	Die Hilfsaufgabe	Schrittweise addieren	Stellenweise addieren	Schriftlich addieren
				H+H Z+Z E+E	+/–
253+4 3+4	98+7 98+2+5	240+59 240+60–1	326+247=573 326+200=526 526+ 40=566 566+ 7=573	421+346=767 400+300=700 20+ 40= 60 1+ 6= 7	421 +396 1 817

1

a) 201 + 8
725 + 3
371 + 5
465 + 4

b) 338 + 1
263 + 3
403 + 5
281 + 2

c) 600 + 300
400 + 200
700 + 100
500 + 300

d) 200 + 600
100 + 200
300 + 200
400 + 500

2

a) 94 + 7
699 + 5
192 + 9
899 + 3

b) 894 + 8
595 + 8
299 + 3
296 + 7

c) 370 + 40
880 + 30
660 + 90
270 + 70

d) 350 + 60
280 + 40
890 + 50
660 + 60

3

a) 834 + 59
619 + 79
457 + 39
707 + 89

b) 153 + 59
585 + 69
124 + 59
463 + 69

c) 743 + 199
262 + 199
295 + 599
407 + 399

d) 49 + 759
178 + 589
35 + 619
779 + 219

4

a) 488 + 37
665 + 49
68 + 44
274 + 47

b) 467 + 19
87 + 86
226 + 46
928 + 38

c) 774 + 109
532 + 259
344 + 479
287 + 604

d) 736 + 178
153 + 238
579 + 309
413 + 448

5

a) 354 + 433
224 + 223
123 + 434
737 + 111

b) 622 + 292
55 + 363
692 + 45
253 + 284

c) 468 + 218
649 + 258
535 + 342
189 + 736

d) 745 + 180
387 + 134
723 + 137
404 + 120

6

a) 523
+ 245

b) 231
+ 626

c) 125
+ 366

d) 435
+ 471

e) 626
+ 186

Dreht einen Erklärfilm zu einem der Rechenwege.

1 Thema festlegen
Wir entscheiden uns für einen Rechenweg, den wir erklären wollen.

2 Drehbuch schreiben
Wir überlegen uns, was wir in jeder Szene zeigen und was wir zu jeder Szene mit Hilfe der Mathewörter erklären.

3 Rollen festlegen
Wer dreht den Film?
Wer zeigt die Handlung im Film?
Wer spricht den Text?

4 Dreh vorbereiten
Ist das Tablet geladen? Ist die Umgebung ruhig? Ist das Licht gut? Ist das Drehbuch fertig?

5 Dreh
Die richtige Kameraeinstellung auswählen, damit alle Handlungen im Film gut sichtbar sind. Den Text langsam, laut und deutlich sprechen.

6 Film ab
Wir präsentieren der Klasse unseren Film.

Das Symbol des Rechenweges „Riesen und Zwerge" sieht so aus.

Ich lege die Aufgaben mit Material.

Zuerst rechne ich die Zwergenaufgabe.

Begriffe klären: Das Drehbuch ist die Anleitung zu einem Film. Die Szene ist ein kleiner Ausschnitt aus dem Film.

Zeig, was du kannst!

1

387 + 2 =   191 + 8 =   4 +   3 =

591 + 4 =   674 + 5 =   40 + 30 =

733 + 5 =   713 + 3 =   400 + 300 =

2 Welche Stelle ändert sich?

963 + 3 =   329 + 300 =   912 + 60 =

454 + 4 =   689 + 200 =   875 + 20 =

971 + 8 =   436 + 400 =   922 + 70 =

H   Z   E   H   Z   E   H   Z   E

3 Bis zum Hunderter.

260 + ___ = 300   440 + ___ = 500   883 + ___ = 900   364 + ___ = 400

430 + ___ = 500   320 + ___ = 400   112 + ___ = 200   558 + ___ = 600

780 + ___ = 800   610 + ___ = 700   335 + ___ = 400   276 + ___ = 300

4 Vom Hunderter weiter.

800 + 36 = ___   300 + 56 = ___   200 + ___ = 222   700 + ___ = 716

300 + 91 = ___   300 + 92 = ___   300 + ___ = 391   800 + ___ = 894

600 + 44 = ___   300 + 76 = ___   600 + ___ = 671   900 + ___ = 957

5

93 + 8 = ___   294 + 7 = ___   696 + 8 = ___

93 + ___ + ___ =   294 + ___ + ___ =   696 + ___ + ___ =

594 + 9 = ___   395 + 6 = ___   899 + 8 = ___

594 + ___ + ___ =   395 + ___ + ___ =   899 + ___ + ___ =

6

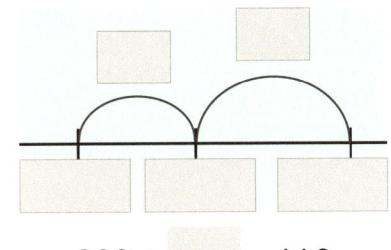 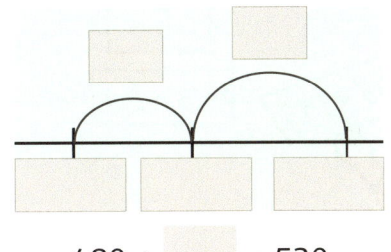 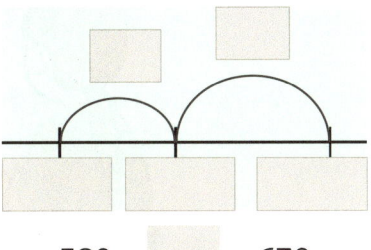

390 + ___ = 440   480 + ___ = 530   580 + ___ = 670

7

413 + 29 = ___

___ + ___ = ___

___ − ___ = ___

215 + 299 = ___

___ + ___ = ___

___ − ___ = ___

Wie kann ich die Aufgabe vereinfachen?

276 + 19 = ___

___ + ___ = ___

___ − ___ = ___

312 + 499 = ___

___ + ___ = ___

___ − ___ = ___

8  oder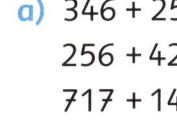

a) 346 + 251   **b)** 298 + 672   **c)** 463 + 381   **d)** 597 + 248
256 + 422   446 + 237   367 + 259   393 + 409
717 + 145   198 + 276   701 + 198   649 + 281
243 + 261   176 + 823   613 + 358   515 + 392

9 +/−

```
    6 2 2        8 7 6        4 5 2        3 1 0        7 9 2        4 8 8
  + 2 3 4      + 1 2 3      + 2 2 6      + 6 8 5      + 1 0 6      + 5 1 1
```

```
    5 1 3        2 6 1        4 8 0        2 9 1        4 4 9        3 9 9
  + 3 9 9      + 6 6 1      + 2 4 0      + 3 8 8      + 2 6 1      + 4 2 2
```

1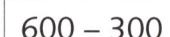

600 – 300	136 – 14 = 122	637 – 499
207 – 4	Minuend Subtrahend Differenz	218 – 196
450 – 30		521 – 346
697 – 200	😊	957 – 9
349 – 200	leicht	975 – 29
726 – 7		658 – 199
567 – 28	🤔	567 – 30
235 – 123	schwer	400 – 100
825 – 9		500 – 1
786 – 218		900 – 520

2 Löse die leichten Aufgaben im Heft.

3 Erkläre deinen Rechenweg.

> Helfen mir hier Rechenwege, die ich schon kenne?

1. SuS schätzen individuell ein, was eine leichte/schwere Aufgabe für sie ist.

4 Wie löst Samu die Aufgabe? In welcher Reihenfolge? $\boxed{238 - 124}$

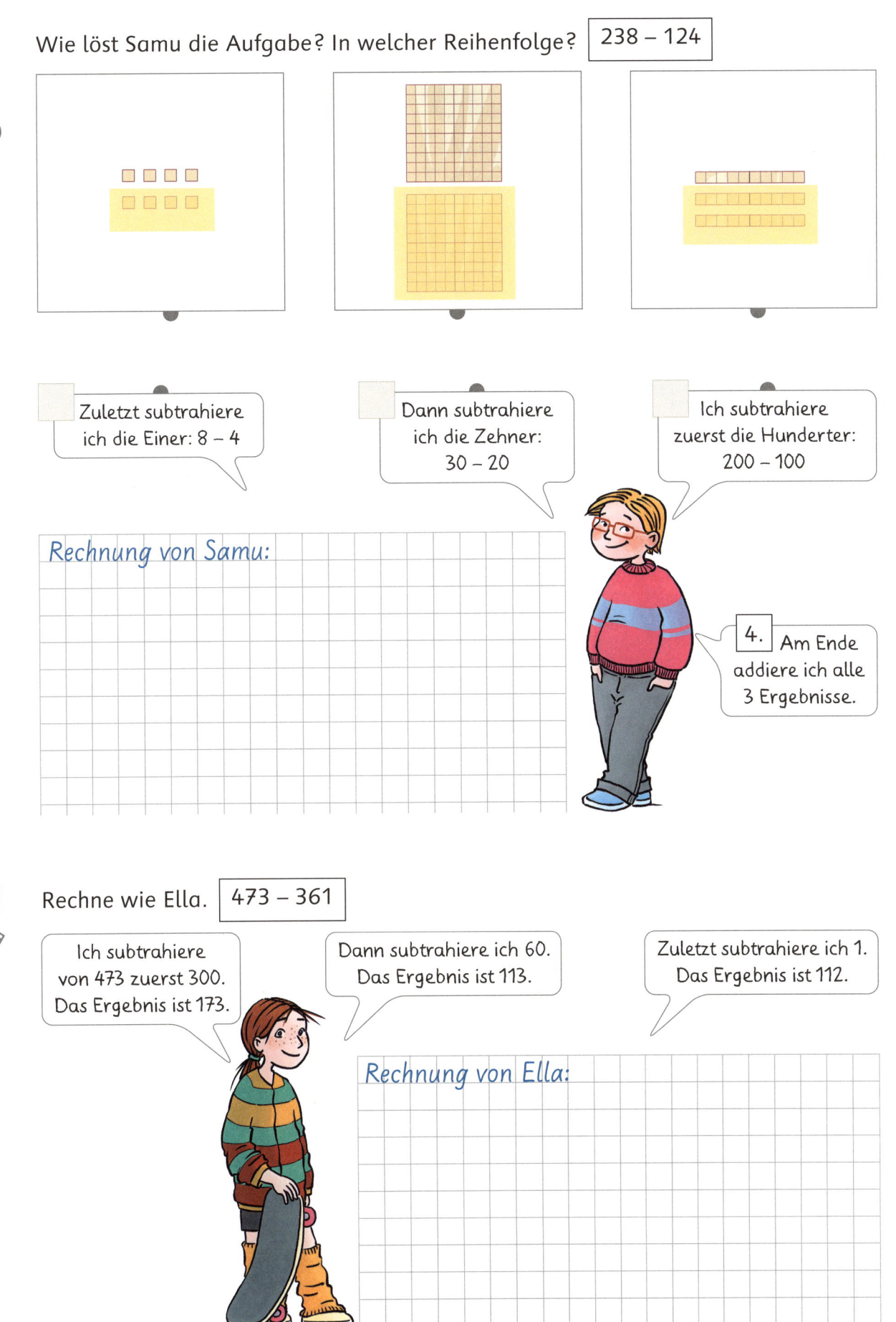

Zuletzt subtrahiere ich die Einer: 8 – 4

Dann subtrahiere ich die Zehner: 30 – 20

Ich subtrahiere zuerst die Hunderter: 200 – 100

Rechnung von Samu:

4. Am Ende addiere ich alle 3 Ergebnisse.

5 Rechne wie Ella. $\boxed{473 - 361}$

Ich subtrahiere von 473 zuerst 300. Das Ergebnis ist 173.

Dann subtrahiere ich 60. Das Ergebnis ist 113.

Zuletzt subtrahiere ich 1. Das Ergebnis ist 112.

Rechnung von Ella:

4. Lösungsweg in die richtige Reihenfolge bringen, nachvollziehen und beschreiben. Rechenschritte notieren.
5. ↑ SuS besprechen Ellas Rechenweg mit einem Partnerkind.

Riesen und Zwerge

S. 35

257 – 3 🤔

Das Ergebnis ist 50 mehr:
57 – 3 = 54

Ich weiß:
7 – 3 = 4

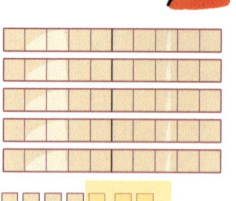

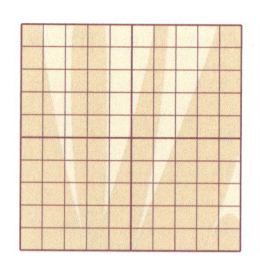

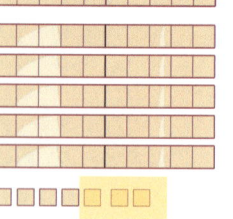

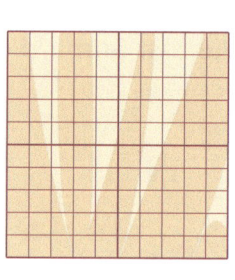

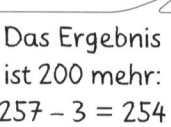

Das Ergebnis ist 200 mehr:
257 – 3 = 254

1

| 8 – 3 | 9 – 6 | 4 – 2 | 7 – 2 |

| 749 – 6 | 368 – 3 | 68 – 3 | 27 – 2 |

| 34 – 2 | 327 – 2 | 49 – 6 | 534 – 2 |

2

4 – 3 =	7 – 4 =	7 – 6 =	8 – 3 =
24 – 3 =	17 – 4 =	47 – 6 =	18 – 3 =
164 – 3 =	207 – 4 =	157 – 6 =	408 – 3 =
754 – 3 =	657 – 4 =	807 – 6 =	578 – 3 =
8 – 5 =	9 – 6 =	8 – 7 =	9 – 2 =
38 – 5 =	99 – 6 =	58 – 7 =	29 – 2 =
168 – 5 =	449 – 6 =	328 – 7 =	179 – 2 =
318 – 5 =	679 – 6 =	568 – 7 =	989 – 2 =

3

6 – 3 =	8 – 4 =	589 – 4 =	647 – 5 =
216 – 3 =	528 – 4 =	9 – 4 =	7 – 5 =

1. Drei passende Aufgaben in einer Farbe anmalen. ↑ SuS rechnen Aufgaben im Heft.

4 Nutze .

 a) 267 − 6
348 − 5
775 − 1
219 − 6

a)	2	6	7	−	6	=		
			7	−	6	=		

b) 945 − 5
866 − 2
381 − 1
496 − 3

c) 933 − 2
456 − 3
847 − 3
309 − 7

d) 865 − 4
379 − 8
626 − 2
545 − 5

5 Finde passende Riesenaufgaben.

5 − 3 = ☐   9 − 4 = ☐   6 − 2 = ☐
25 − 3 = ☐   ☐ − ☐ = ☐   ☐ − ☐ = ☐
☐ − ☐ = ☐   ☐ − ☐ = ☐   ☐ − ☐ = ☐
☐ − ☐ = ☐   ☐ − ☐ = ☐   ☐ − ☐ = ☐

7 − 6 = ☐   8 − 2 = ☐   4 − 4 = ☐
☐ − ☐ = ☐   ☐ − ☐ = ☐   ☐ − ☐ = ☐
☐ − ☐ = ☐   ☐ − ☐ = ☐   ☐ − ☐ = ☐
☐ − ☐ = ☐   ☐ − ☐ = ☐   ☐ − ☐ = ☐

6 Was ändert sich?

5 − 2 = ☐   6 − 1 = ☐   8 − 6 = ☐
50 − 20 = ☐   60 − 10 = ☐   80 − 60 = ☐
500 − 200 = ☐   600 − 100 = ☐   800 − 600 = ☐

Antwort: _____

7 Finde eigene Päckchen wie in **6**.

☐ − ☐ = ☐   ☐ − ☐ = ☐
☐ − ☐ = ☐   ☐ − ☐ = ☐
☐ − ☐ = ☐   ☐ − ☐ = ☐

Eine Stelle ändert sich

S. 36

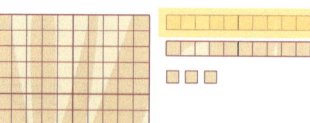
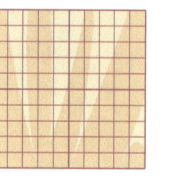
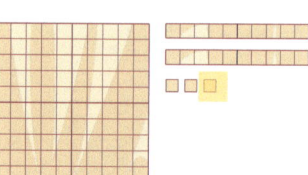
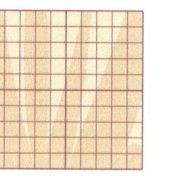

Der Hunderter ändert sich.

Der Zehner ändert sich.

Der Einer ändert sich.

223 − 100 = **1**23

223 − 10 = 2**1**3

223 − 1 = 22**2**

1 Welche Stelle ändert sich?

800 − 300 =	650 − 30 =	852 − 1 =
700 − 600 =	280 − 70 =	447 − 6 =
600 − 200 =	470 − 40 =	829 − 9 =
900 − 100 =	390 − 50 =	944 − 4 =
H ☐ Z ☐ E ☐	H ☐ Z ☐ E ☐	H ☐ Z ☐ E ☐

750 − 400 =	329 − 6 =	693 − 30 =
350 − 100 =	144 − 3 =	561 − 40 =
560 − 300 =	769 − 1 =	795 − 90 =
930 − 200 =	879 − 6 =	698 − 70 =
H ☐ Z ☐ E ☐	H ☐ Z ☐ E ☐	H ☐ Z ☐ E ☐

965 − 20 =	682 − 400 =	623 − 1 =
784 − 70 =	458 − 300 =	772 − 2 =
763 − 60 =	546 − 500 =	843 − 3 =
976 − 60 =	976 − 600 =	917 − 6 =
H ☐ Z ☐ E ☐	H ☐ Z ☐ E ☐	H ☐ Z ☐ E ☐

1. Aufgaben mit Material legen und berechnen. ↓ Ankreuzen, welche Stelle sich in dem Aufgabenpaket jeweils ändert.

2

340 − 30   331

314 − 100   300

335 − 4   310

400 − 100   214

3

721 − 20 =	680 − 80 =	702 − 2 =
939 − 5 =	861 − 600 =	759 − 9 =
771 − 50 =	993 − 900 =	897 − 80 =
890 − 400 =	999 − 8 =	917 − 100 =
625 − 10 =	570 − 70 =	804 − 4 =
848 − 8 =	972 − 800 =	643 − 2 =
663 − 50 =	884 − 800 =	765 − 60 =
970 − 500 =	876 − 5 =	777 − 700 =

4

Bilde passende Sätze zur Aufgabe.

a) 486 − 30

b) 542 − 200

c) 927 − 6

d) 149 − 5

e) 287 − 60

Der Minuend …

Der Einer …

… und … werden um … kleiner.

… wird kleiner.

Der Hunderter …

Der Zehner …

… und … bleiben gleich.

… bleibt gleich.

3. ↑ SuS schreiben eigene Aufgaben ins Heft, bei denen sich eine Stelle ändert.

75

Bis zum Hunderter

Ich springe bis zum Vorgänger-Hunderter.

1 Immer der VH.

| 700 | 783 | | 342 | | 834 | | 289 |

| | 612 | | 157 | | 594 | | 478 |

2

630 – ___ = 600   350 – ___ = 300   920 – ___ = 900

240 – ___ = 200   460 – ___ = 400   190 – ___ = 100

890 – ___ = 800   710 – ___ = 700   510 – ___ = 500

740 – ___ = 700   820 – ___ = 800   990 – ___ = 900

3

573 – ___ = 500   759 – ___ = 700   634 – ___ = 600

327 – ___ = 300   428 – ___ = 400   172 – ___ = 100

238 – ___ = 200   892 – ___ = 800   996 – ___ = 900

454 – ___ = 400   171 – ___ = 100   911 – ___ = 900

4

678 – ___ = ___   194 – ___ = ___   237 – ___ = ___

821 – ___ = ___   589 – ___ = ___   359 – ___ = ___

483 – ___ = ___   712 – ___ = ___   945 – ___ = ___

Nachbarhunderter wiederholen: Vorgänger-Hunderter (VH) und Nachfolge-Hunderter (NH).

Vom Hunderter weiter

S. 38

$100 - 7$

Ich wechsle 1 H in 10 Z und 1 Z in 10 E.

1 H   10 Z   1 Z   10 E

$100 - 7 = 93$

1

$300 - 8 =$ 　　　　　$100 - 4 =$ 　　　　　$200 - 7 =$

$200 - 40 =$ 　　　　$400 - 50 =$ 　　　　$400 - 25 =$

2

$800 - 90 =$ 　　　$400 - 30 =$ 　　　$100 -$ ⬚ $= 50$ 　　$100 -$ ⬚ $= 75$

$100 - 70 =$ 　　　$500 - 70 =$ 　　　$600 -$ ⬚ $= 550$ 　$300 -$ ⬚ $= 275$

$300 - 70 =$ 　　　$200 - 10 =$ 　　　$300 -$ ⬚ $= 250$ 　$300 -$ ⬚ $= 290$

3

Der Minuend ist 200.	Der Subtrahend ist 96.	Die Differenz ist 131.
Der Minuend ist ＿＿.	Der Subtrahend ist ＿＿.	Die Differenz ist 819.
Der Minuend ist 900.	Der Subtrahend ist 41.	Die Differenz ist 404.
Der Minuend ist ＿＿.	Der Subtrahend ist ＿＿.	Die Differenz ist 359.

Verliebt in den Hunderter

S. 39

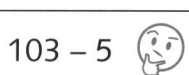 103 – 5

Minus 3 ☐ bis zum Hunderter.

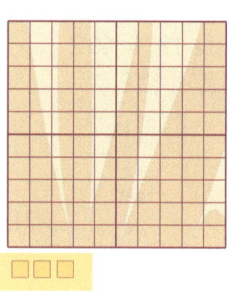

Dann wechsle ich 1 H in 10 Z und 1 Z in 10 E.

$$103 - 5 = 98$$
$$103 - 3 - 2 = 98$$

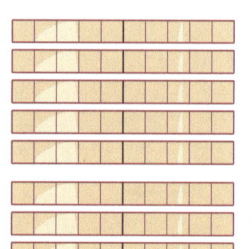

Jetzt kann ich minus 2 ☐ rechnen.

1

105 – 7 = ☐
105 – ☐ – ☐ = ☐

Gehe erst bis zum Vorgänger-Hunderter.
105 – 5 – 2

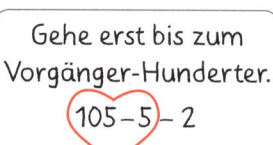

101 – 5 = ☐
101 – ☐ – ☐ = ☐

101 – 9 = ☐
101 – ☐ – ☐ = ☐

107 – 9 = ☐
107 – ☐ – ☐ = ☐

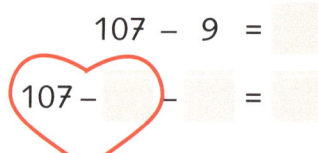

104 – 9 = ☐
104 – ☐ – ☐ = ☐

102 – 3 = ☐
102 – ☐ – ☐ = ☐

105 – 6 = ☐
105 – ☐ – ☐ = ☐

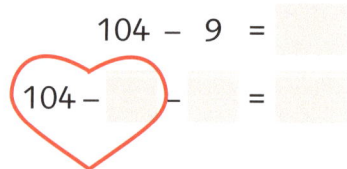

106 – 9 = ☐
106 – ☐ – ☐ = ☐

2 Nutze

a) 104 – 5
108 – 9
106 – 8
103 – 5

b) 202 – 7
503 – 6
804 – 8
302 – 6

c) 804 – 6
701 – 2
504 – 5
401 – 7

d) 305 – 6
303 – 4
707 – 9
703 – 5

e) 202 – 6
603 – 5
807 – 9
409 – 10

3

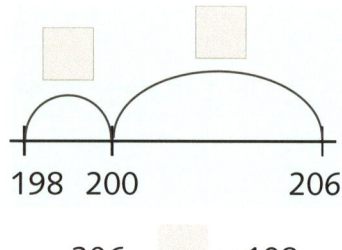

198 200 ... 206
206 – ☐ = 198

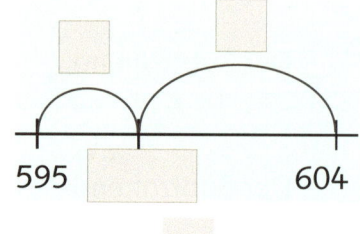

595 ... 604
604 – ☐ = 595

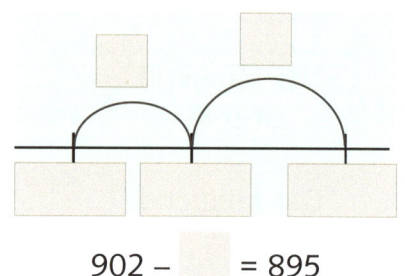
902 – ☐ = 895

120 − 50

Minus 2
bis zum Hunderter.

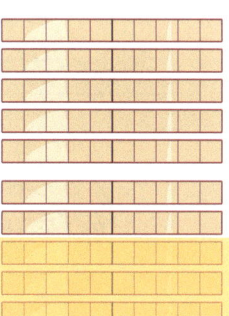

Dann wechsle ich
1 H in 10 Z und rechne
minus 3.

120 − 50 = 70
120 − 20 − 30 = 70

4

180 − 90 =
180 − 80 − 10 =

 18 − 8 − 1 = 9
Nutze .

140 − 80 =
− − =

250 − 80 =
− − =

620 − 90 =
− − =

110 − 30 =
− − =

970 − 90 =
− − =

5

a) 340 − 50
450 − 60
560 − 70

b) 840 − 50
640 − 60
440 − 70

c) 960 − 80
950 − 70
940 − 60

d) 550 − 90
450 − 80
350 − 70

e) 340 − 50
460 − 70
580 − 90

6

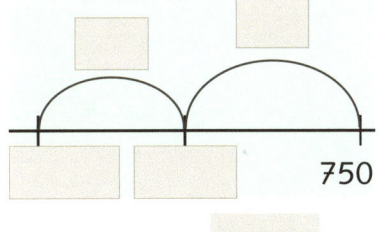 750
750 − 90 =

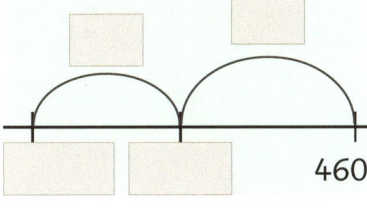 460
460 − 80 =

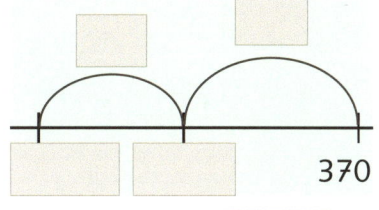 370
370 − 90 =

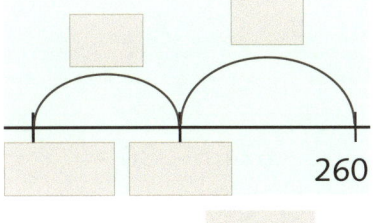 260
260 − 70 =

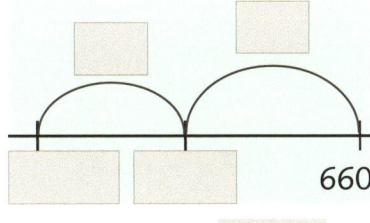 660
660 − 80 =

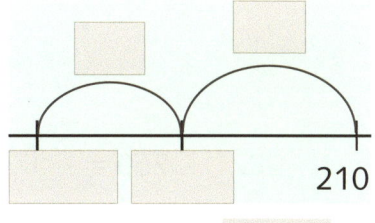 210
210 − 90 =

5. ↑ SuS beschreiben die Aufgabenpäckchen.

79

300 – 29 🤔

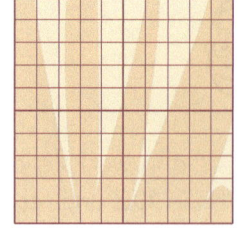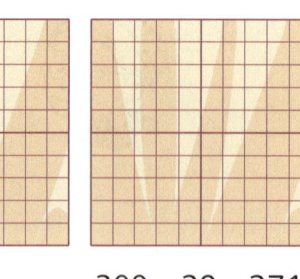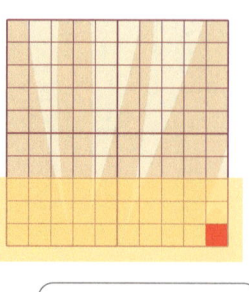

Ich weiß:
300 – 30 = 270

300 – 29 = 271
↓ +1
300 – 30 = 270
270 + 1 = 271

Das Ergebnis
ist 1 mehr:
300 – 29 = 271

1 Welche Aufgabe hilft?

784 – 59	573 – 239	931 – 799	482 – 9	256 – 149

482 – 10	256 – 150	573 – 240	784 – 60	931 – 800

2

818 – ⑨ =
818 – 10 = 808
808 + 1 =

765 – 9 =
– =
+ =

693 – 9 =
– =
+ =

354 – 9 =
– =
+ =

767 – 9 =
– =
+ =

888 – 9 =
– =
+ =

3

674 – 29 =

287 – 59 =

982 – 749 =

982 – 750 =
+ 1 =

287 – 60 =
+ 1 =

674 – 30 =
+ 1 =

2. ↓ Hinweis: SuS kreisen die zu verändernde Zahl ein.

4

774 − 59 = ____

____ − ____ = ____

____ + ____ = ____

878 − 629 = ____

____ − ____ = ____

____ + ____ = ____

Ich erhöhe um 1:
59 → 60

796 − 169 = ____

____ − ____ = ____

____ + ____ = ____

924 − 519 = ____

____ − ____ = ____

____ + ____ = ____

5

847 − 599 = ____

628 − 500 = ____
____ + 1 = ____

312 − 199 = ____

312 − 200 = ____
____ + 1 = ____

628 − 499 = ____

847 − 600 = ____
____ + 1 = ____

6

921 − 499 = ____

____ − ____ = ____

____ + ____ = ____

983 − 799 = ____

____ − ____ = ____

____ + ____ = ____

Ich erhöhe um 1:
499 → 500

827 − 399 = ____

____ − ____ = ____

____ + ____ = ____

954 − 299 = ____

____ − ____ = ____

____ + ____ = ____

7 Nutze.

a) 762 − 9
618 − 9
724 − 9

b) 853 − 49
768 − 59
297 − 89

c) 872 − 659
586 − 369
794 − 189

a)	7	6	2	−		9	=			
	7	6	2	−	1	0	=	7	5	2
	7	5	2	+		1	=			

d) 738 − 299
692 − 499
824 − 799

e) 758 − 79
234 − 69
148 − 89

f) 634 − 259
512 − 169
457 − 289

g) 365 − 99
913 − 509
724 − 329

Schrittweise subtrahieren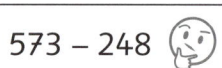

S. 42

573 – 248

Zuerst subtrahiere ich **die Hunderter** der 2. Zahl.

| 5 | 7 | 3 | – | 2 | 4 | 8 | = | | | |
| 5 | 7 | 3 | – | **2** | **0** | **0** | = | 3 | 7 | 3 |

Dann subtrahiere ich **die Zehner** der 2. Zahl.

5	7	3	–	2	4	8	=			
5	7	3	–	2	0	0	=	3	7	3
3	7	3	–		**4**	**0**	=	3	3	3

Zuletzt **die Einer.**

5	7	3	–	2	4	8	=	3	2	5
5	7	3	–	2	0	0	=	3	7	3
3	7	3	–		4	0	=	3	3	3
3	3	3	–			**8**	=	3	2	5

1

541 – 128	356 – 37	741 – 252	607 – 104

| 607 – 100 = 507
 507 –   4 = 503 | 741 – 200 = 541
 541 –   50 = 491
 491 –   2 = 489 | 356 – 30 = 326
 326 –   7 = 319 | 541 – 100 = 441
 441 –   20 = 421
 421 –   8 = 413 |

2

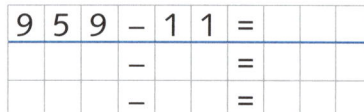

9 5 9 – 1 1 =

6 9 3 – 1 3 =

5 7 8 – 3 6 =

8 8 5 – 2 7 =

9 4 3 – 3 4 =

9 8 7 – 7 8 =

3

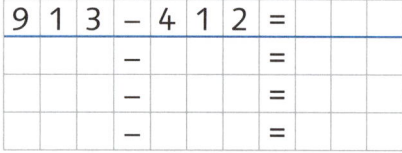

9 1 3 – 4 1 2 =

9 7 8 – 5 6 7 =

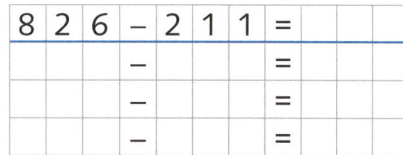

8 2 6 – 2 1 1 =

6 4 3 – 2 3 3 =

1. Aufgabe mit passender Rechnung verbinden.

4

6	6	5	−	1	2	3	=		
					−			=	
					−			=	
					−			=	

7	8	9	−	6	7	8	=		
					−			=	
					−			=	
					−			=	

3	6	7	−	1	4	5	=		
					−			=	
					−			=	
					−			=	

5	7	2	−	4	1	3	=		
					−			=	
					−			=	
					−			=	

5	7	2	−	4	6	9	=		
					−			=	
					−			=	
					−			=	

8	7	2	−	7	9	4	=		
					−			=	
					−			=	
					−			=	

6	5	2	−	3	4	9	=		
					−			=	
					−			=	
					−			=	

8	6	8	−	2	6	6	=		
					−			=	
					−			=	
					−			=	

5

a) 849 − 42
590 − 42
832 − 26
992 − 75

b) 653 − 248
866 − 731
989 − 882
759 − 349

c) 961 − 252
932 − 808
951 − 829
823 − 117

d) 944 − 856
712 − 227
745 − 396
813 − 236

b)	6	5	3	−	2	4	8	=			
	6	5	3	−	2	0	0	=	4	5	3
	4	5	3	−		4	0	=	4	1	3
	4	1	3	−			8	=			

Du kannst im 3. Schritt auch Ⓩ anwenden:
413 − 3 − 5 =

6

a) 534 − 328

b) 364 − 28

c) 108 − 57

d) 712 − 465

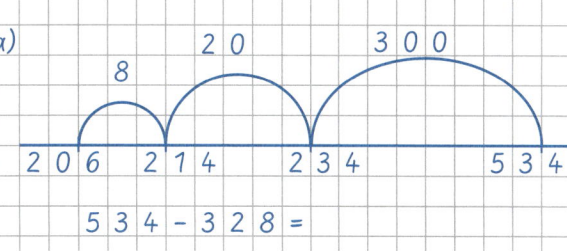

a)

534 − 328 =

e) 436 − 352

f) 651 − 108

g) 742 − 229

h) 673 − 218

i) 334 − 274

j) 293 − 129

---

5. ↑ Partnerarbeit: Eigene Aufgaben erstellen und vom Partnerkind lösen lassen.

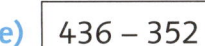

Stellenweise subtrahieren

H–H
Z–Z
E–E

S. 43

235 – 123

Zuerst subtrahiere ich die Hunderter.

Dann subtrahiere ich die Zehner.

Zuletzt die Einer.

2 3 5 – 1 2 3 =
2 0 0 – 1 0 0 = 1 0 0

2 3 5 – 1 2 3 =
2 0 0 – 1 0 0 = 1 0 0
3 0 – 2 0 = 1 0

	2 3 5 – 1 2 3 =
H – H	2 0 0 – 1 0 0 = 1 0 0
Z – Z	3 0 – 2 0 = 1 0
E – E	5 – 3 = 2
	1 0 0 + 1 0 + 2 = 1 1 2

1

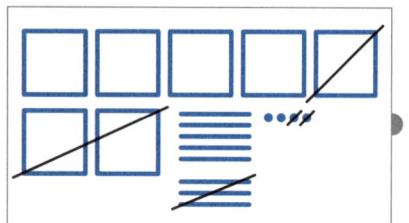

324 – 211

3 0 0 – 2 0 0 = 1 0 0
2 0 – 1 0 = 1 0
4 – 1 = 3
1 0 0 + 1 0 + 3 =

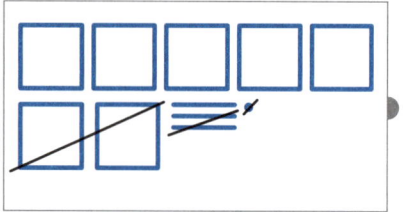

784 – 332

5 0 0 – 2 0 0 = 3 0 0
5 0 – 4 0 = 1 0
3 – 2 = 1
3 0 0 + 1 0 + 1 =

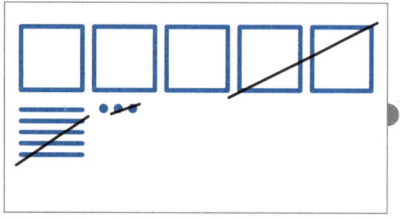

553 – 242

7 0 0 – 3 0 0 = 4 0 0
8 0 – 3 0 = 5 0
4 – 2 = 2
4 0 0 + 5 0 + 2 =

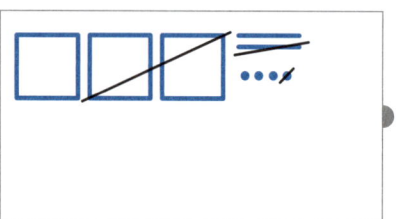

731 – 221

7 0 0 – 2 0 0 = 5 0 0
3 0 – 2 0 = 1 0
1 – 1 = 0
5 0 0 + 1 0 + 0 =

84

1. Aufgabe mit passender Darstellung und Rechnung verbinden.
↑ Partnerarbeit: Eigene Verbindeaufgaben erstellen und von Partnerkind lösen lassen.

2

9	8	6	–	4	6	3	=		
				–				=	
				–				=	
				–				=	
		+			+			=	

8	6	9	–	7	2	2	=		
				–				=	
				–				=	
				–				=	
		+			+			=	

8	8	2	–	2	4	1	=		
				–				=	
				–				=	
				–				=	
		+			+			=	

6	4	4	–	3	2	4	=		
				–				=	
				–				=	
				–				=	
		+			+			=	

3

a)
6 3 6 – 3 2 8 =
6 0 0 – 3 0 0 = 3 0 0
3 0 – 2 0 = 1 0
6 – 8 = – 2
3 0 0 + 1 0 – 2 =

Wenn ich 6 – 8 rechne, muss ich mir 2 borgen. Also am Ende – 2.

a) 636 – 328
598 – 147
968 – 449
734 – 328

b) 654 – 343
989 – 879
469 – 356
223 – 123

c) 979 – 868
229 – 118
684 – 273
191 – 112

d) 666 – 544
499 – 288
251 – 126
998 – 855

e) 978 – 419
957 – 736
782 – 771
866 – 119

f) 589 – 411
974 – 666
776 – 214
663 – 362

g) 952 – 344
852 – 621
734 – 19
638 – 526

h) 844 – 443
532 – 311
716 – 603
752 – 344

4

Welche Aufgabe rechnest du mit $\begin{smallmatrix} H-H \\ Z-Z \\ E-E \end{smallmatrix}$?

700 – 2 = ☐

900 – 20 = ☐

392 – 221 = ☐

898 – 439 = ☐

600 – 23 = ☐

555 – 418 = ☐

---

3. ↑ Partnerarbeit: Eigene Aufgaben ins Heft schreiben und von Partnerkind lösen lassen.

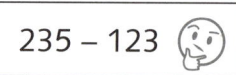 235 – 123

H	Z	E
●⌀	●●⌀	●●●⌀⌀

H	Z	E
2	3	5
– 1	2	3
1	1	2

Ich subtrahiere erst die Einer, dann die Zehner und zuletzt die Hunderter.

1 Bringe in die richtige Reihenfolge.

	5 3 2
	– 1 2 2
	4 1 5

H	Z	E
●●●●⌀	○⌀⌀	○○○○○ ⌀⌀

Ich subtrahiere die Hunderter: 500 – 100 = 400

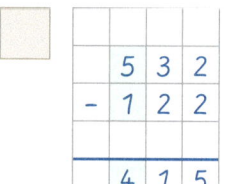

	5 3 7
	– 1 2 2
	5

H	Z	E
○○○○○	○○○	●●●●● ⌀⌀

Ich subtrahiere die Einer: 7 – 2 = 5

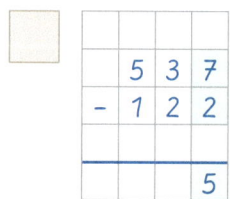

	5 3 7
	– 1 2 2
	1 5

H	Z	E
○○○○○	●⌀⌀	○○○○○ ⌀⌀

Ich subtrahiere die Zehner: 30 – 20 = 10

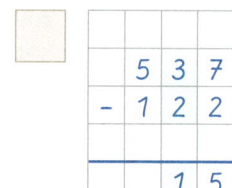

2

	6 9 8
–	3 6 2

	4 5 8
–	2 1 6

	8 4 1
–	7 1 1

	8 2 3
–	2 0 2

	6 6 3
–	5 1

	6 0 8
–	4 0 6

	4 8 7
–	1 7 0

	1 8 7
–	3 3

	7 9 9
–	6 7 9

	3 8 8
–	1 4 8

	8 8 3
–	5 2 2

	9 9 5
–	6 0 3

3

a) 973 – 612
597 – 322
599 – 499
665 – 261

b) 894 – 841
586 – 173
911 – 800
806 – 503

Schreibe stellengerecht untereinander.

4

Bilde **Minuend** und **Subtrahend** so, dass Aufgaben mit dem vorgegebenen Ergebnis entstehen. Bringe dafür die Ziffernkarten in die richtige Reihenfolge.

a) 0 3 1 / 0 4 9 = 8 1 0

b) 1 0 3 / 4 1 5 = 4 3 3

c) 4 6 6 / 7 8 1 = 1 2 7

d) 2 1 7 / 6 7 5 = 1 1 2

e) 7 9 0 / 1 6 1 = 5 2 1

f) 7 1 9 / 6 8 4 = 2 1 8

g) 4 3 6 / 0 0 1 = 5 1 0

h) 7 4 0 / 2 6 3 = 1 2 3

i) 9 9 9 / 1 2 1 = 1 8

j) 1 9 0 / 8 4 5 = 4 8 5

k) 6 6 2 / 1 0 5 = 1 5

l) 1 1 1 / 6 1 5 = 1 0 0

m) 8 2 4 / 5 2 9 = 1 3 2

n) 9 5 6 / 4 2 3 = 4 1 2

o) 7 0 8 / 2 1 0 = 1 1 0

p) 7 2 1 / 2 3 7 = 4 6 0

5

 oder ?

Die größere Zahl steht immer oben. ☐

Ich subtrahiere von links nach rechts. ☐

Ich subtrahiere zuerst die Hunderter. ☐

Ich schreibe die Differenz unter dem Strich. ☐

365 – 128

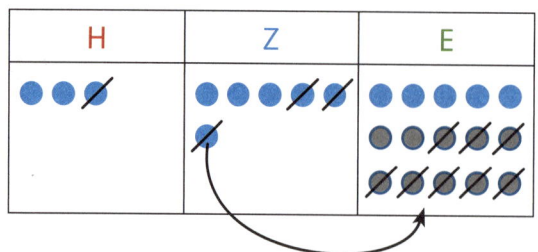

5 minus 8 geht nicht.
Ich wechsle 1 Z in 10 E.
Jetzt rechne ich 15 – 8.

---

1   Bringe in die richtige Reihenfolge.

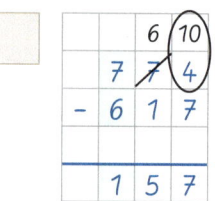

H	Z	E

Ich subtrahiere die Hunderter:
$700 - 600 = 100$

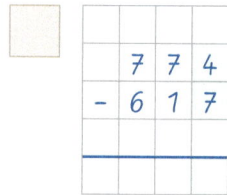

H	Z	E

Zuerst subtrahiere ich die Einer:
$4 - 7$ geht nicht.

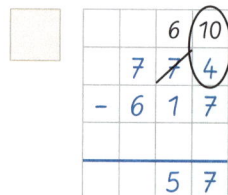

H	Z	E

Ich subtrahiere die Zehner und berücksichtige den Übertrag:
$60 - 10 = 50$

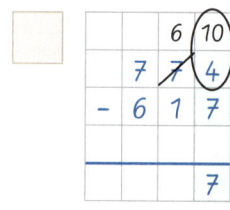

H	Z	E

Ich wechsle 1 Z in 10 E.
Jetzt habe ich 14 E und nur noch 6 Z. Ich subtrahiere die Einer: $14 - 7 = 7$

2

2 4 9	7 8 2	7 3 6
− 1 6 9	− 5 6 4	− 3 2 7

4 4 4	5 3 3	8 5 1
− 3 3 6	− 2 1 6	− 1 2 2

3 7 4	9 6 2	8 1 6
− 1 4 8	− 8 3 7	− 2 2 9

5 2 3	4 2 4	2 3 7
− 3 8 5	− 3 9	− 1 4 9

3 Bei welchen Aufgaben gibt es einen Übertrag? Prüfe auf einen Blick. ☒
Rechne die Aufgaben mit Übertrag.

a)   875
   − 622 ☐

b)   442
   − 306 ☐

c)   426
   − 108 ☐

d)   874
   − 341 ☐

e)   444
   − 107 ☐

4 Meine Aufgaben mit Ziffernkarten.

a) 3 Aufgaben ohne Übertrag.
b) 3 Aufgaben mit Übertrag.
c) 2 Aufgaben mit Übertrag.
   Die Differenz soll jeweils
   höher als 500 sein.
d) 2 Aufgaben mit Übertrag.
   Die Differenz soll jeweils
   zwischen 100 und 200 sein.

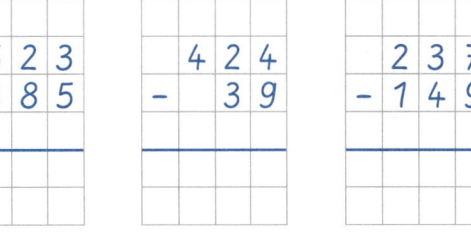

  1 2 3 4 5 6 7 8 9

Ich lege zuerst meine Aufgabe.

  6 7 4
− 2 4 5

5 ✔ oder ✘ ?

a)
    1 10
  5 2̶ 2̶
− 3 1 4
  2 0 8 ☐

b)
      10
  7 8 2̶
− 4 5 3
  3 3 9 ☐

c)
  3 10
  4̶ 3̶ 4
−   3 6
    7 4 ☐

d)
    6 10
  3 7̶ 4̶
− 2 4 8
  1 2 6 ☐

e)
    5 10
  6 1̶ 7
− 2 8 3
  3 4 4 ☐

Übertrag vergessen	nicht stellengerecht geschrieben	falsch gerechnet

---

5. Prüfen, welche Aufgaben richtig/falsch gerechnet wurden und anhand der vorgegebenen Wortkarten den Fehler benennen.

Abziehen mit Null

305 – 123

Ich subtrahiere erst die Einer, dann die Zehner und zuletzt die Hunderter.

H	Z	E

0 minus 2 geht nicht. Ich wechsle 1 H in 10 Z. Jetzt rechne ich 10 – 2.

	2	10	5
	3	0	5
–	1	2	3
	1	8	2

---

1 Bringe in die richtige Reihenfolge.

	3	0	9
–	1	4	3
			6

H	Z	E

Zuerst subtrahiere ich die Einer: 9 – 3 = 6

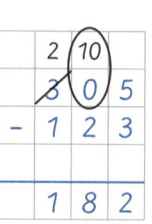

	2	10	
	3	0	9
–	1	4	3
		6	6

H	Z	E

Ich wechsle 1 H in 10 Z. Jetzt habe ich 10 Z und nur noch 2 H. Ich subtrahiere die Zehner: 100 – 40 = 60

	3	0	9
–	1	4	3
			6

H	Z	E

Ich subtrahiere die Zehner: 0 – 40 geht nicht.

	2	10	
	3	0	9
–	1	4	3
	1	6	6

H	Z	E

Ich subtrahiere die Hunderter: 200 – 100 = 100

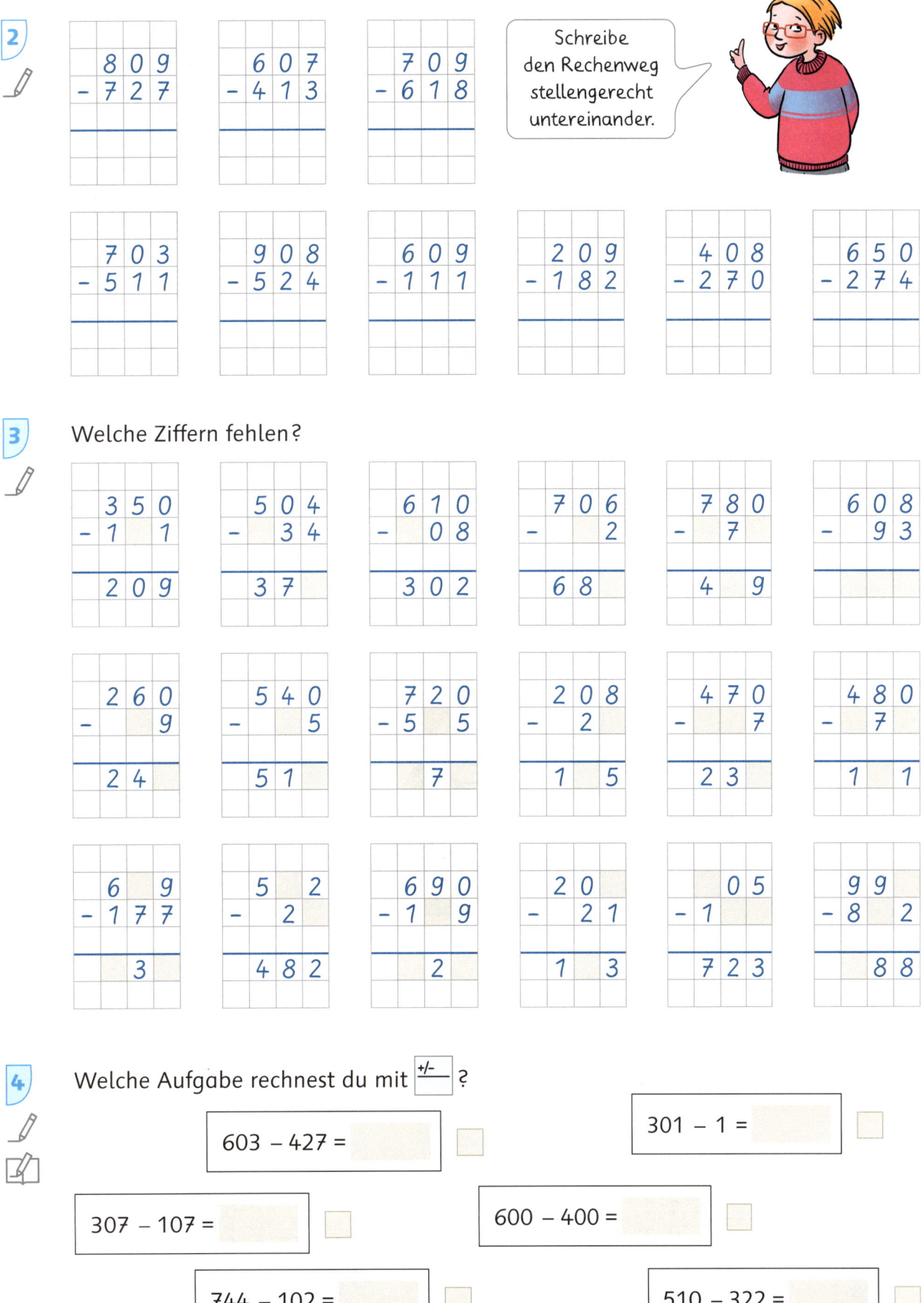

2 Schreibe den Rechenweg stellengerecht untereinander.

3 Welche Ziffern fehlen?

4 Welche Aufgabe rechnest du mit +/− ?

603 − 427 =

301 − 1 =

307 − 107 =

600 − 400 =

744 − 102 =

510 − 322 =

Ergänzen ohne Übertrag

253 – 123

H	Z	E
2	3	5
− 1	2	3
1	1	2

Ich ergänze von 3 E bis 5 E, dann von 2 Z bis 3 Z und zuletzt von 1 H bis 2 H.

1 Wie löst Ella die Aufgabe? In welcher Reihenfolge?

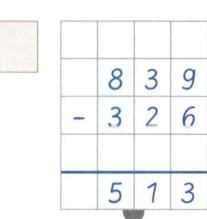

8	3	9
− 3	2	6
5	1	3

8	3	9
− 3	2	6
	1	3

8	3	9
− 3	2	6
		3

Ich ergänze die Hunderter:
300 + ▢ = 800

Ich ergänze die Zehner:
20 + ▢ = 30

Ich ergänze die Einer:
6 + ▢ = 9

2

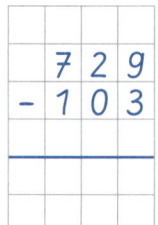

7	2	9
− 1	0	3

6	2	2
− 2	0	1

7	7	1
− 2	0	1

1	7	4
− 1	2	3

2	7	2
− 1	4	1

4	3	8
− 2	1	2

5	2	9
− 1	1	7

6	1	1
− 4	0	1

2	4	9
− 1	3	1

2	8	5
− 1	7	5

8	6	7
− 7	2	7

9	6	1
− 7	5	0

1. Rechnung mit Sprechblasentext verbinden und die Rechnungen in der richtigen Reihenfolge nummerieren.

3

a) 885 – 644
   674 – 610
   646 – 24
   748 – 106

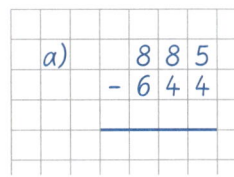

Schreibe stellengerecht untereinander.

b) 703 –   2
   688 – 80
   911 – 601
   779 – 234

c) 624 – 114
   522 – 111
   637 – 27
   742 – 131

d) 812 – 602
   748 – 330
   647 – 616
   781 – 121

e) 809 – 108
   936 – 812
   802 – 100
   919 – 502

f) 579 – 506
   535 – 415
   789 – 644
   544 – 524

4   Bilde **Minuend** und **Subtrahend** so, dass Aufgaben mit dem vorgegebenen Ergebnis entstehen. Bringe dafür die Ziffernkarten in die richtige Reihenfolge.

a) 2 4 1 / 1 6 4 → 5 1 0

b) 1 1 2 / 2 1 5 → 4 1 1

c) 2 6 / 7 3 7 → 6 1 0

d) 2 1 4 / 1 7 3 → 6 1 1

e) 2 2 0 / 1 8 6 → 2 1 0

f) 0 3 7 / 4 8 3 → 4 1 8

g) 7 6 6 / 4 6 1 → 3 1

h) 7 1 1 / 2 1 8 → 6 6 0

i) 8 8 9 / 1 0 0 → 7 0 1

j) 1 9 2 / 6 8 3 → 1 2 4

k) 0 0 2 / 1 0 8 → 7 0 2

l) 0 9 1 / 9 2 5 → 4 1 7

5  ✔ oder ✘ ?

Die kleinere Zahl steht immer oben. ☐

Ich subtrahiere zuerst die Einer,
dann die Hunderter und zuletzt die Zehner. ☐

Ich schreibe die Differenz über dem Strich. ☐

Ich prüfe das Ergebnis, indem ich
Subtrahend und Differenz addiere. ☐

Ergänzen mit Übertrag +/−

481 − 153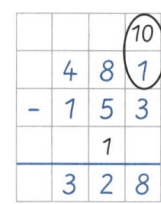

```
      (10)
  4 8  1
- 1 5  3
       1
  3 2  8
```

3 + ▦ = 1 geht nicht.
Ich wechsle 1 Z in 10 E.
Jetzt rechne ich:
3 + ▦ = 11
1 + 5 + ▦ = 8

1 Wie löst Ella die Aufgabe? In welcher Reihenfolge?

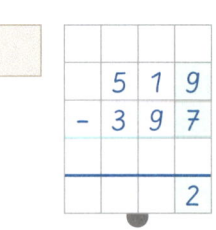
```
  5 1 9
- 3 9 7
_____
      2
```

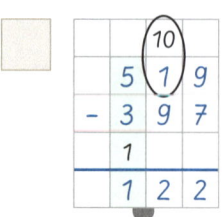
```
    (10)
  5 1 9
- 3 9 7
      1
_____
  1 2 2
```

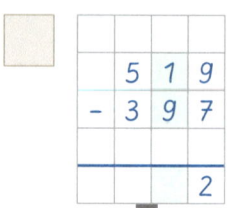
```
  5 1 9
- 3 9 7
_____
      2
```

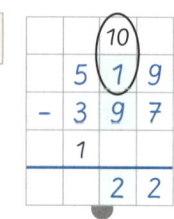
```
    (10)
  5 1 9
- 3 9 7
      1
_____
  2 2
```

Ich ergänze die Einer:
7 + ▦ = 9

Ich ergänze die Hunderter:
100 + 300 + ▦ = 500

Ich ergänze die Zehner:
90 + ▦ = 10
geht nicht.

Ich wechsle 1 H in 10 Z.
Jetzt habe ich 11 Z.
Ich ergänze
90 + ▦ = 110

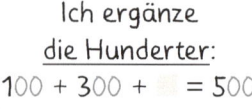

2

```
  4 4 9        7 4 0        3 7 5        4 1 6        5 5 2        6 4 8
- 1 7 3      - 3 7 0      - 1 8 8      - 1 4 5      - 3 6 4      - 3 5 5
```

```
  2 4 1        2 6 3        5 3 0        7 2 1        8 4 0        9 2 3
- 1 0 3      - 1 5 4      - 3 3 7      - 2 5 0      - 7 6 7      - 4 5 4
```

1. Rechnung mit Sprechblasentext verbinden und die Rechnungen in der richtigen Reihenfolge nummerieren.

3 Bei welchen Aufgaben gibt es einen Übertrag? Prüfe auf einen Blick. ☒
Rechne die Aufgaben mit Übertrag.

a) 976
  − 909 ☐

b) 817
  − 503 ☐

c) 988
  − 906 ☐

d) 874
  − 341 ☐

e) 821
  − 803 ☐

f) 544
  − 403 ☐

g) 962
  − 709 ☐

h) 812
  − 407 ☐

i) 441
  − 221 ☐

j) 424
  − 108 ☐

4 Meine Aufgaben mit Ziffernkarten.

| 0 | 1 | 2 | 3 | 4 | 5 | 6 | 7 | 8 | 9 |

a) 3 Aufgaben ohne Übertrag.
b) 3 Aufgaben mit Übertrag.
c) 2 Aufgaben mit Übertrag. Die Differenz soll jeweils möglichst groß sein.
d) 2 Aufgaben mit Übertrag. Die Differenz soll jeweils möglichst klein sein.

5 ✔ oder ✘ ?

a)
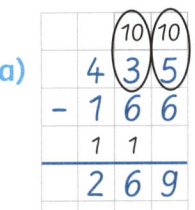
```
   10  10
 4 (3)(5)
- 1  6  6
   1  1
 2  6  9
```
☐

b)
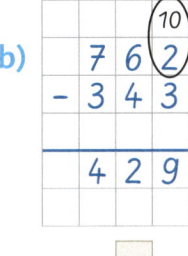
```
         10
 7  6 (2)
- 3  4  3

 4  2  9
```
☐

c)
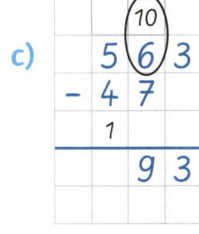
```
      10
 5 (6) 3
-   4  7
   1
    9  3
```
☐

d)
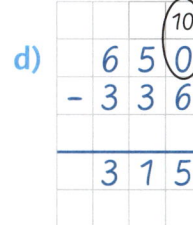
```
         10
 6  5 (0)
- 3  3  6

 3  1  5
```
☐

e)
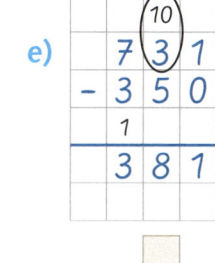
```
      10
 7 (3) 1
- 3  5  0
   1
 3  8  1
```
☐

| Übertrag vergessen | nicht stellengerecht geschrieben | falsch gerechnet |

6 Welche Aufgabe rechnest du mit ⁺/₋ ?

600 − 200 = ☐

300 − 100 = ☐

388 − 184 = ☐

477 − 389 = ☐

912 − 1 = ☐

786 − 117 = ☐

Alle Rechenwege

S. 48

Riesen und Zwerge	Verliebt in den Hunderter	Die Hilfsaufgabe	Schrittweise subtrahieren	Stellenweise subtrahieren	Schriftlich subtrahieren
			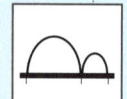	H-H Z-Z E-E	+/–
257–3	103–5	300–29	573–248=325	235–123=112	369
7–3	103–3–2	300–30+1	573–200=373	200–100=100	–128
			373– 40=333	30– 20= 10	———
			333– 8=325	5– 3= 2	241

1
a) 674 – 2   b) 627 – 7   c) 800 – 200   d) 500 – 200
676 – 3   869 – 3   600 – 300   900 – 700
917 – 3   977 – 5   400 – 100   800 – 500
679 – 9   697 – 1   700 – 100   500 – 400

2
a) 804 – 6   b) 206 – 9   c) 760 – 80   d) 460 – 70
201 – 5   505 – 8   110 – 30   750 – 90
304 – 9   303 – 9   610 – 20   850 – 80
701 – 8   404 – 7   840 – 60   620 – 40

3
a) 771 – 9   b) 773 – 49   c) 854 – 149   d) 804 – 499
822 – 9   902 – 59   905 – 379   892 – 599
931 – 9   671 – 29   893 – 589   887 – 199
763 – 9   908 – 79   852 – 199   973 – 899

4
a) 834 – 27   b) 256 – 71   c) 833 – 487   d) 884 – 318
251 – 26   535 – 83   513 – 278   334 – 157
184 – 27   528 – 65   435 – 129   746 – 448
771 – 45   424 – 64   315 – 248   147 – 108

5
a) 529 – 417   b) 793 – 481   c) 695 – 581   d) 813 – 404
534 – 102   789 – 72   843 – 221   797 – 568
624 – 502   980 – 770   856 – 105   641 – 535
552 – 502   967 – 54   682 – 172   987 – 478

6
a)   836   b)   166   c)   821   d)   692   e)   623
   – 522   – 153   – 730   – 526   – 547

7 Dreht einen Erklärfilm zu einem der Rechenwege.

1 **Thema festlegen**
Wir entscheiden uns für einen Rechenweg, den wir erklären wollen.

2 **Drehbuch schreiben**
Wir überlegen uns, was wir in jeder Szene zeigen und was wir zu jeder Szene mit Hilfe der Mathewörter erklären.

3 **Rollen festlegen**
Wer dreht den Film?
Wer zeigt die Handlung im Film?
Wer spricht den Text?

4 **Dreh vorbereiten**
Ist das Tablet geladen? Ist die Umgebung ruhig? Ist das Licht gut? Ist das Drehbuch fertig?

5 **Dreh**
Die richtige Kameraeinstellung auswählen, damit alle Handlungen im Film gut sichtbar sind. Den Text langsam, laut und deutlich sprechen.

6 **Film ab**
Wir präsentieren der Klasse unseren Film.

Das Symbol des Rechenweges „Riesen und Zwerge" sieht so aus.

Ich lege die Aufgaben mit Material.

Zuerst rechne ich die Zwergenaufgabe.

Begriffe klären: Das Drehbuch ist die Anleitung zu einem Film. Die Szene ist ein kleiner Ausschnitt aus dem Film.

Zeig, was du kannst!

1

6 – 3 = ⬚   5 – 2 = ⬚   4 – 3 = ⬚

60 – 30 = ⬚   50 – 20 = ⬚   40 – 30 = ⬚

600 – 300 = ⬚   500 – 200 = ⬚   400 – 300 = ⬚

2 Welche Stelle ändert sich?

963 – 3 = ⬚   329 – 300 = ⬚   962 – 10 = ⬚

454 – 4 = ⬚   689 – 200 = ⬚   875 – 20 = ⬚

466 – 6 = ⬚   978 – 800 = ⬚   689 – 70 = ⬚

H ⬚ Z ⬚ E ⬚   H ⬚ Z ⬚ E ⬚   H ⬚ Z ⬚ E ⬚

3 Bis zum Hunderter.

360 – ⬚ = 300   540 – ⬚ = 500   980 – ⬚ = 900   990 – ⬚ = 900

530 – ⬚ = 500   420 – ⬚ = 400   210 – ⬚ = 200   870 – ⬚ = 800

880 – ⬚ = 800   710 – ⬚ = 700   430 – ⬚ = 400   650 – ⬚ = 600

4 Vom Hunderter weiter.

800 – 20 = ⬚   300 – 65 = ⬚   200 – ⬚ = 150   700 – ⬚ = 660

300 – 80 = ⬚   300 – 25 = ⬚   300 – ⬚ = 210   800 – ⬚ = 740

600 – 30 = ⬚   300 – 75 = ⬚   600 – ⬚ = 520   900 – ⬚ = 870

5

103 – 8 = ⬚   104 – 7 = ⬚   106 – 8 = ⬚

103 – ⬚ – ⬚ = ⬚   104 – ⬚ – ⬚ = ⬚   106 – ⬚ – ⬚ = ⬚

104 – 9 = ⬚   105 – 6 = ⬚   101 – 8 = ⬚

104 – ⬚ – ⬚ = ⬚   105 – ⬚ – ⬚ = ⬚   101 – ⬚ – ⬚ = ⬚

6

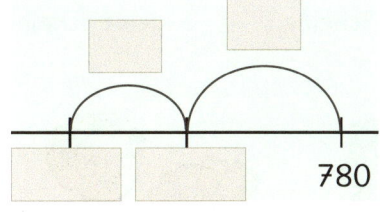 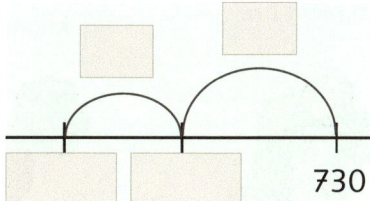 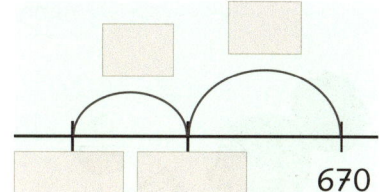

780 – 90 = ☐   730 – 60 = ☐   670 – 80 = ☐

7

315 – 299 = ☐

☐ – ☐ = ☐

☐ + ☐ = ☐

Wie kann ich die Aufgabe vereinfachen?

512 – 499 = ☐

☐ – ☐ = ☐

☐ + ☐ = ☐

8  oder

346 – 241 = ☐   692 – 278 = ☐

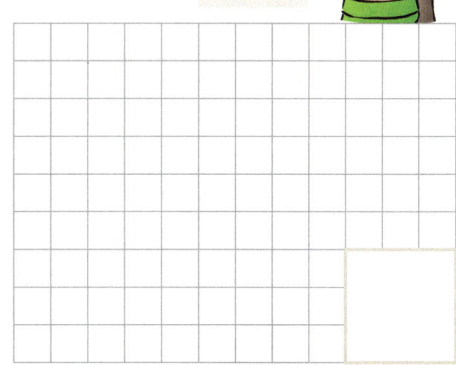 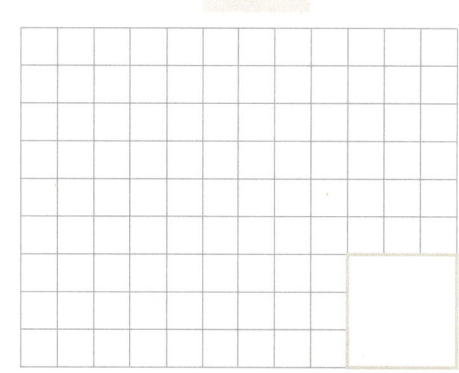

9

	6	3	4
–	2	1	2

	8	7	6
–	1	2	3

	4	5	2
–	2	2	1

	6	8	5
–	3	1	0

	7	9	2
–	1	0	1

	4	8	8
–	3	6	6

	5	1	3
–	3	9	9

	6	6	1
–	2	6	1

	4	3	0
–	2	8	0

	3	8	8
–	2	9	1

	4	2	9
–	2	6	1

	4	2	2
–	3	9	9

Geld wechseln

S. 49

Ich möchte 6 .
Einen 200 nehme ich nicht an.
Bitte wechsle. Ich brauche kleinere Scheine.
Ich wechsle deinen großen Schein in 5 kleine Scheine.

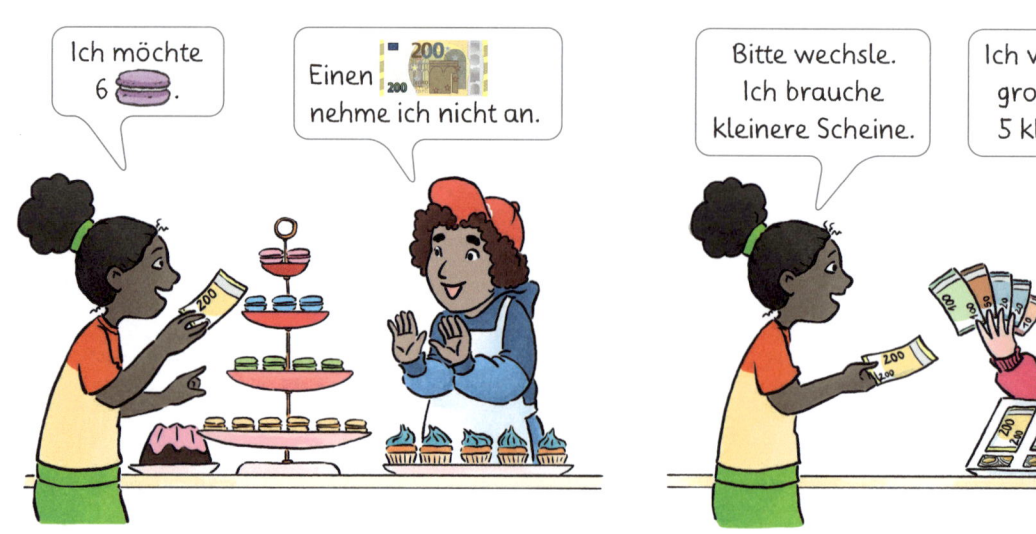

1

a) 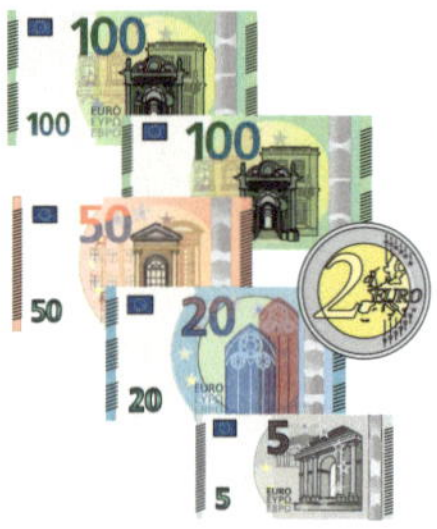

a) 2 7 7 €

b) 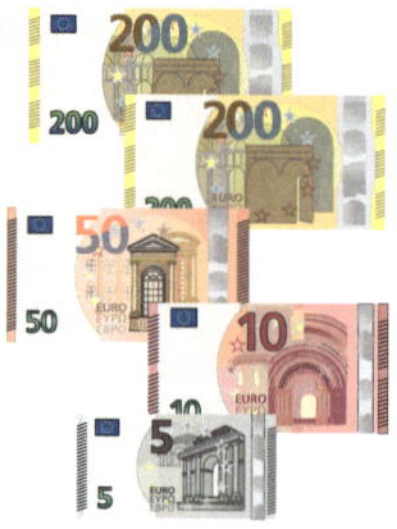

c) 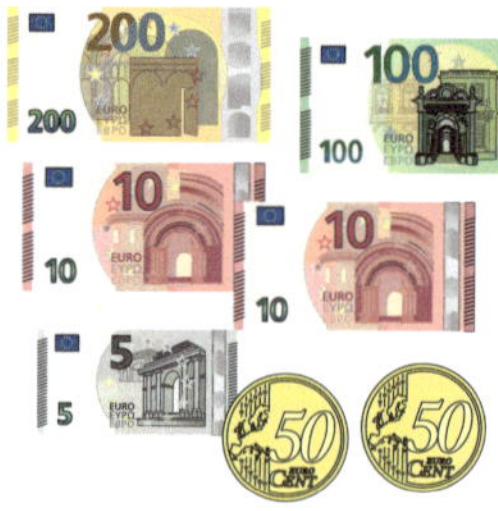

d) 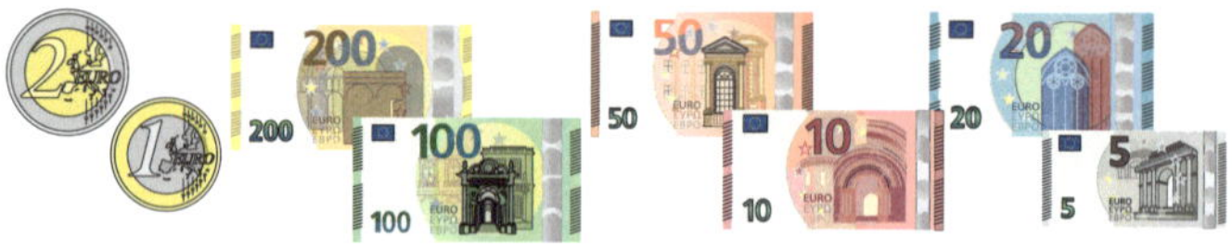

e) 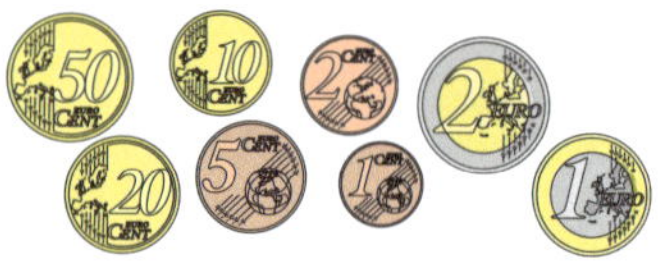

2

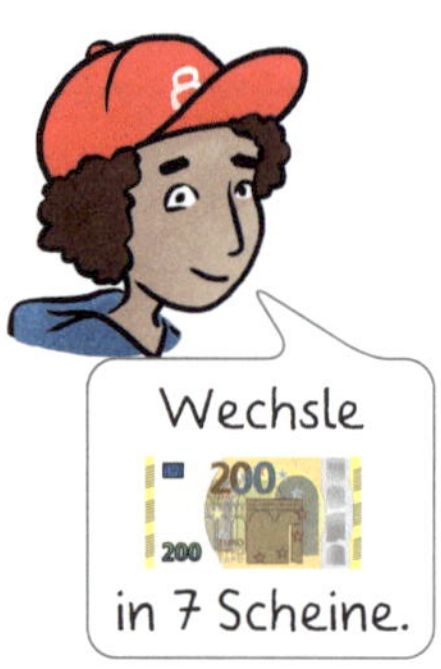
Wechsle 200 in 7 Scheine.

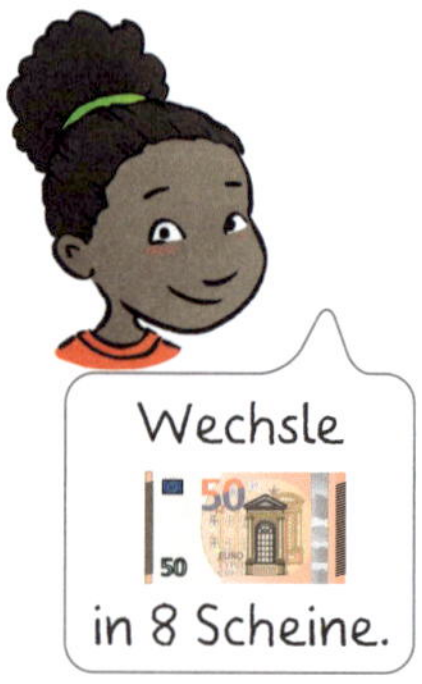
Wechsle 50 in 8 Scheine.

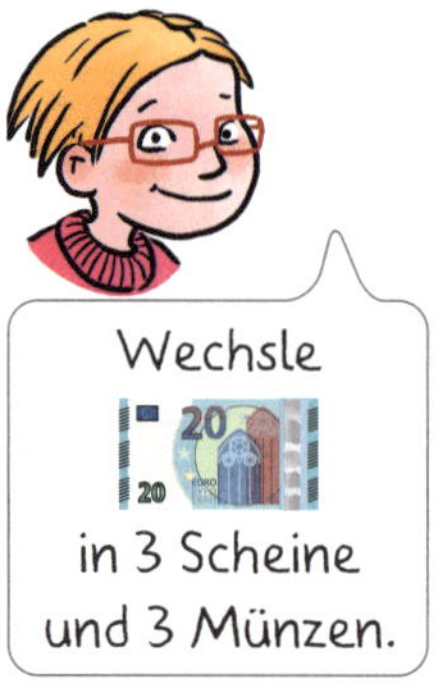
Wechsle 20 in 3 Scheine und 3 Münzen.

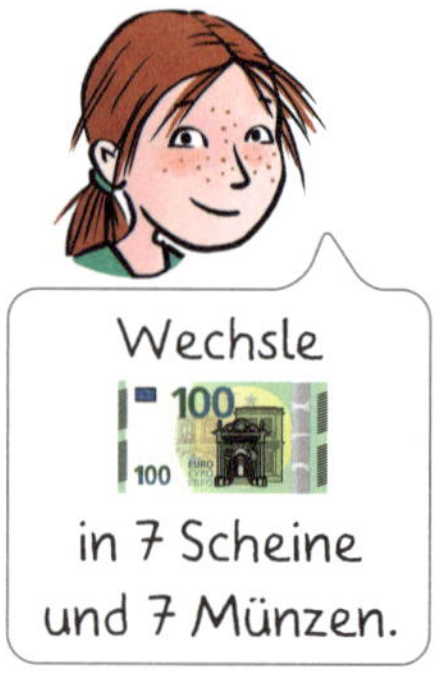
Wechsle 100 in 7 Scheine und 7 Münzen.

2. Mehrere Lösungen möglich.

3 Finde verschiedene Möglichkeiten zum Wechseln.

a) 205 €

b) 350 €

c) 140 €

d) 501 €

e) 1000 €

f) Mein Beitrag.

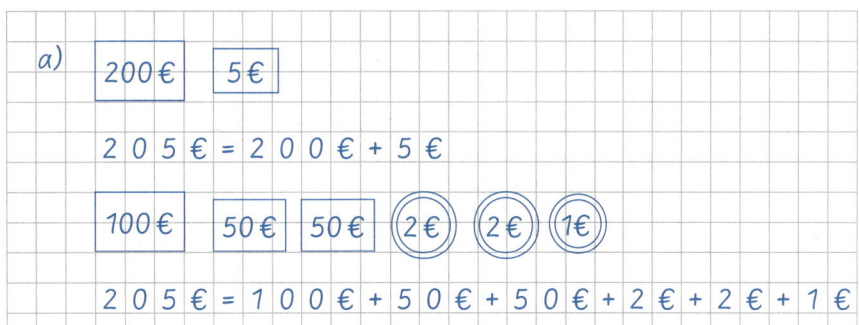

a)

200 €   5 €

205 € = 200 € + 5 €

100 €   50 €   50 €   ((2 €))   ((2 €))   ((1 €))

205 € = 100 € + 50 € + 50 € + 2 € + 2 € + 1 €

4 Wechsle in möglichst wenige Scheine und Münzen.

a) 187 € b) 413 € c) 99 € d) 365 € e) 937 € f) 786 €

5 Wechsle den Betrag. Nutze 4, 5, 6, 7, 8, 9 und 10 Scheine.

a)

a)   4 Scheine

200 €   100 €   100 €   100 €

500 € = 200 € + 100 € + 100 € + 100 €

b)

c)

6

Ich habe 5 Scheine bekommen. 3 davon sind gleich.

Ich habe 3 Scheine und 7 Münzen.
100 und 200 sind nicht dabei.

a) Wie viel Geld ist es höchstens?

b) Wie viel Geld ist es mindestens?

c) Welche Beträge können es noch sein?

 # Kommazahlen

S. 50

1

	100 €	10 €	1 €	10 ct	1 ct	Betrag
		1	5	4	6	15,46 €

2

a) 9,25 €

	a)	9 €		2	5	ct

b) 70,54 €   c) 1,80 €   d) 0,43 €

e) 99,09 €   f) 105,19 €   g) 20,25 €   h) 733,67 €

3

6 € 57 ct			
657 ct			
6,57 €			

1. ↓ SuS zeichnen einen roten Trennstrich in den Bildern zwischen Euro und Cent.

102

4 Immer 4 passen zusammen.

| zwei Euro und vierundsechzig Cent | fünfzehn Euro und neunzig Cent | fünfzehn Euro und zweiundneunzig Cent | zwei Euro und zweiundsiebzig Cent |

| 15,92 € | 2,72 € | 2,64 € | 15,90 € |

| 2 € 72 ct | 15 € 90 ct | 2 € 64 ct | 15 € 92 ct |

| Zwei vierundsechzig. | Fünfzehn neunzig. | Fünfzehn zweiundneunzig. | Zwei zweiundsiebzig. |

5 Immer 2 € mehr.

10 €	1 €	10 ct	1 ct	
1	0	8	6	10,86 €
1	2	8	6	

100 ct sind 1 €.
Also:
98 ct + 5 ct = 1 € 3 ct

Immer 10 € mehr.

10 €	1 €	10 ct	1 ct
2	5	7	9

Immer 5 ct mehr.

10 €	1 €	10 ct	1 ct
	9	8	8

Immer 10 ct mehr.

10 €	1 €	10 ct	1 ct
	6	8	5

6

Immer 5 ct mehr.

90 ct, 95 ct, 1 €, 1 € 5 ct …

90 ct

4. ↓ SuS zeichnen im Wort einen Trennstrich zwischen Euro und Cent bzw. zwischen die einzelnen Stellenwerte.

1 Welcher Gesamtpreis?

Achte auf das Komma.

a)

b)

		a)		2	9	9	,	0	0	€
	+				4	4	,	5	0	€
										€

c)

d)

e)

2 Bezahle mit Gutschein. Wie viel Guthaben bleibt übrig?

		a)		1	5	0	,	0	0	€
	–				9	5	,	5	0	€
										€

a) Gutschein 150 €

b) Gutschein 100 €

c) Gutschein 150 €

d) Gutschein 500 € Gutschein 500 €

3 Wie teuer ist dein „Traumrad"?
Welches Zubehör kaufst du?
Recherchiere und stelle eine Rechnung zusammen.

Artikel	Preis
Longboard	▯▯▯ , ▯▯ €
Sporthelm	▯▯ , ▯▯ €
Schutzset	▯▯ , ▯▯ €
Summe	▯▯▯ , ▯▯ €

Artikel	Preis
Gravelbike	▯▯▯ , ▯▯ €
Biketasche	▯▯ , ▯▯ €
Fahrradhelm	▯▯ , ▯▯ €
Summe	▯▯▯ , ▯▯ €

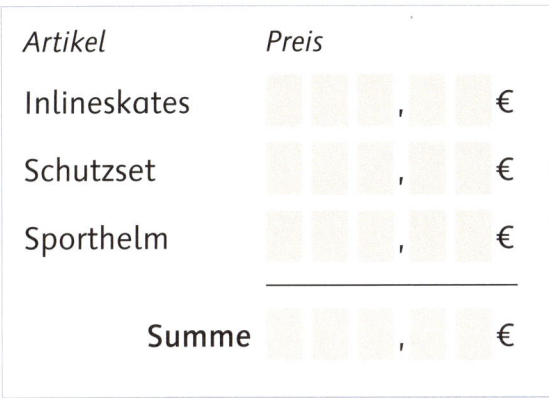

Artikel	Preis
Inlineskates	▯▯ , ▯▯ €
Schutzset	▯▯ , ▯▯ €
Sporthelm	▯▯ , ▯▯ €
Summe	▯▯ , ▯▯ €

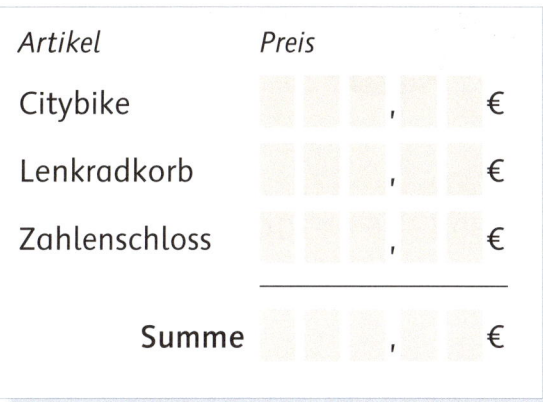

Artikel	Preis
Citybike	▯▯▯ , ▯▯ €
Lenkradkorb	▯▯ , ▯▯ €
Zahlenschloss	▯▯ , ▯▯ €
Summe	▯▯▯ , ▯▯ €

5 Welche Artikel wurden gekauft?

a) 2 Artikel
Summe: 969,99 €

b) 3 Artikel
Summe: 439,00 €

c) 4 Artikel
Summe: 217,88 €

6 Ist das ein gutes Angebot? ✔ oder ✖ ?

a)

b)

c)

▯   ▯   ▯

6. ↑ Partnerarbeit: SuS erstellen eigene Angebote mit Artikeln aus dem Laden und Partnerkind prüft die Angebote und berechnet den Rabatt.

Trinkflasche 23,90 €

LED Set 14,95 €

Überschlage, wie viel du ungefähr bezahlen musst.

Klingel 9,49 €

Fahrrad, Helm, Trinkflasche - reicht mein Geld?

23,90 €

Reflektoren 5,65 €

Gravelbike 779,00 €

59,99 €

Du weißt, ob das Geld reicht, wenn du aufrundest:
780 € + 60 € + 25 € = 865 €

1

| 30 € + 25 € + 30 € = 85 € | 300 € + 30 € + 25 € = 355 € | 300 € + 30 € + 50 € = 380 € |

```
    2 9 9 , 0 0 €
  +   2 9 , 9 0 €
  +   2 4 , 9 5 €
  _____
```

```
    2 9 , 9 0 €
  + 2 4 , 9 5 €
  + 2 8 , 0 0 €
  _____
```

```
    2 9 9 , 0 0 €
  +   2 8 , 0 0 €
  +   4 9 , 0 0 €
  _____
```

2

a) 8,79 €   b) 32,86 €   c) 447,76 €   d) 70,05 €

17,95 €   6,63 €   239,85 €   61,45 €

0,78 €   28,59 €   84,99 €   83,22 €

a) 8,7 9 € ≈ 9,0 0 €

3

Finde verschiedene Möglichkeiten, den Betrag zu überschlagen.

Prüfe den Überschlag mit [+/−].

a) 76,89 € + 24,99 € + 19,90 €

b) 11,82 € + 98,76 € + 49,80 €

c) 33,70 € + 27,57 € + 111,50 €

d) 57,45 € + 90,10 € + 120,80 €

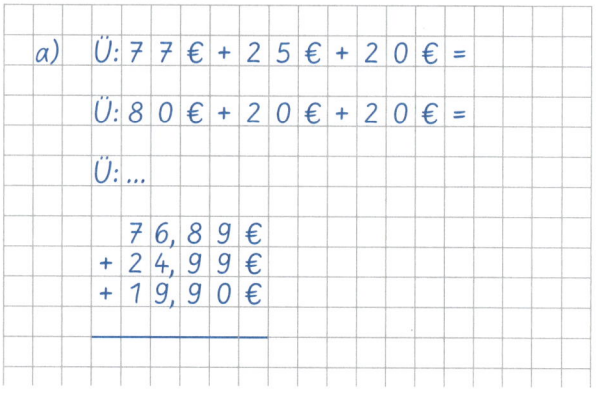

a) Ü: 7 7 € + 2 5 € + 2 0 € =

Ü: 8 0 € + 2 0 € + 2 0 € =

Ü: ...

```
    7 6 , 8 9 €
  + 2 4 , 9 9 €
  + 1 9 , 9 0 €
  _____
```

Thematisieren, dass es verschiedene Möglichkeiten des Überschlagens gibt.
1. Überschlag mit Rechnung verbinden und genauen Betrag ausrechnen.

4 Reicht das Geld? ✔ oder ✘ ?

a) Gutschein **150 €** ☐
Lenkradkorb 19,90 €
Bügelschloss 95,50 €

der Überschlag
überschlagen
aufrunden 2,76 € ≈ 3 €
abrunden 3,02 € ≈ 3 €

b) Gutschein **1000 €** ☐
Mountainbike 910,00 €
Biketasche 22,90 €

c) Gutschein **333 €** ☐
Citybike 299,0 €
LED Set 14,95 €
Lenkradkorb 19,90 €

d) Gutschein **100 €** ☐
Doppeltasche 44,50 €
Trinkflasche 23,90 €
Klingel 9,49 €
Fahrradhelm 39,99 €

e) Gutschein **850 €** ☐
Gravelbike 779,00 €
Reflektoren 5,65 €
LED Set 14,95 €
Sporthelm 59,99 €

f) Gutschein **160 €** ☐
Scooter 85,00 €
Schutzset 49,99 €
Biketasche 22,90 €
Trinkflasche 23,90 €

5 Welcher Überschlag ist sinnvoll? ☒

Ich überschlage so:
20 € + 90 € + 20 € ☐

Artikel	Preis
Trinkflasche	23,90 €
Scooter	85,00 €
Biketasche	22,90 €
Summe	☐ €

Ich überschlage so:
24 € + 85 € + 23 € ☐

☐ Ich überschlage so:
25 € + 85 € + 25 €

5. Mehrere Lösungen möglich. SuS begründen ihre Auswahl.

1 Finde alle Kombinationen mit | 3 | 6 | 8 | .

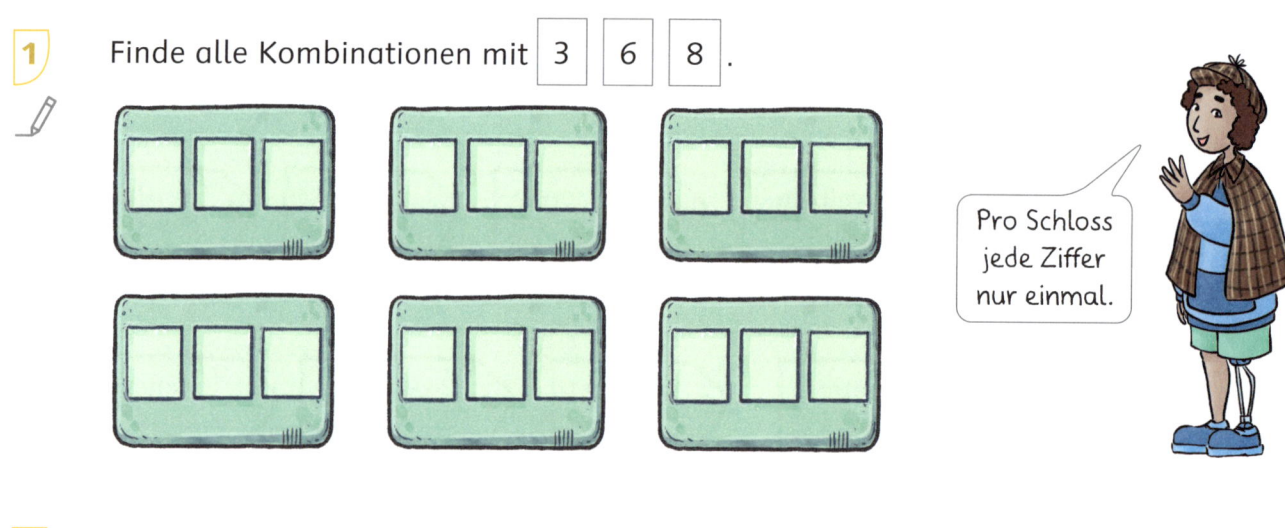

2 Finde alle Kombinationen mit:

a) | 5 | 1 | 7 | b) | 8 | 6 | 9 | c) | 4 | 0 | 6 | d) | 3 | 9 | 7 |

3 ✔ oder ✘ ?

Die größte Zahl steht immer vorne. ☐

Jede Ziffer steht zweimal vorne. ☐

Jede Ziffer steht zweimal in der Mitte. ☐

Jede Ziffer steht zweimal hinten. ☐

Es gibt mehr als 6 Kombinationen. ☐

Doppelte Kombinationen sortiere ich aus. ☐

die Kombination

---

1. ↓ SuS arbeiten mit Zahlenkarten, um die Kombinationen zu legen.
3. Hinweis: Die Aussagen beziehen sich auf Kombinationen mit 3 Ziffern ohne Wiederholung.

4 Finde alle Kombinationen
mit | 1 | 3 | 9 | 0 |.

Ich lege die Kombinationen
mit Ziffernkarten.

5 Meine Ziffern: [ ] [ ] [ ] [ ]

6 Wie sicher ist Samus Handy mit einer vierstelligen PIN?

Ich habe das Geburtsjahr
meiner Mutter als PIN.

6. Hinweis: Die Zahlen einer PIN können sich auch wiederholen.
Bei 10 möglichen Ziffern (0–9) und einer vierstelligen PIN gibt es 10 000 Möglichkeiten (10 × 10 × 10 × 10).

109

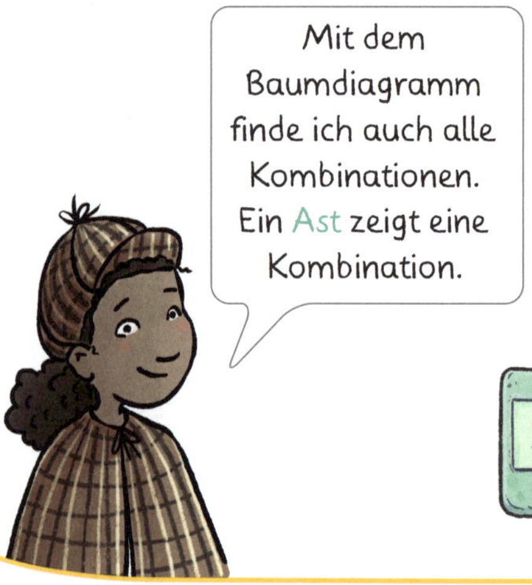

Mit dem Baumdiagramm finde ich auch alle Kombinationen. Ein **Ast** zeigt eine Kombination.

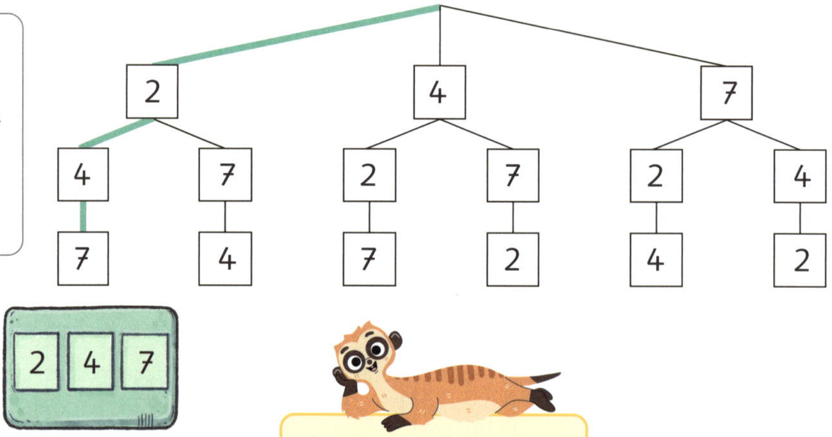

2		4		7
4	7	2	7	2	4
7	4	7	2	4	2

2 4 7

das Baumdiagramm

1 3 6 8

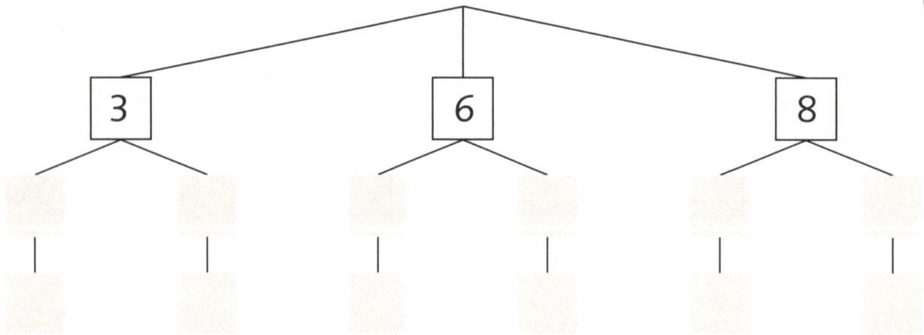

| 3 | 6 | 8 |

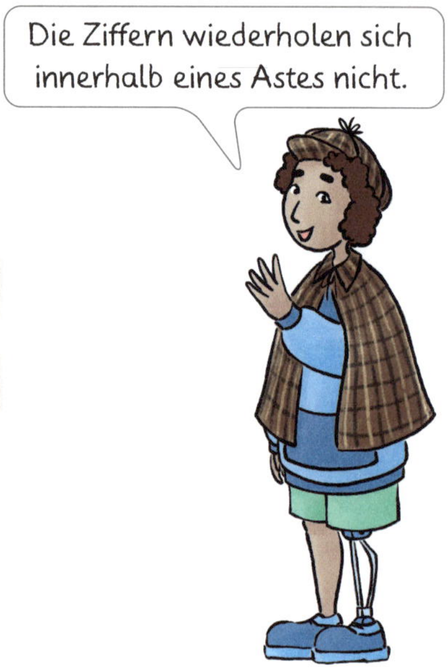

Die Ziffern wiederholen sich innerhalb eines Astes nicht.

2 4 9 0

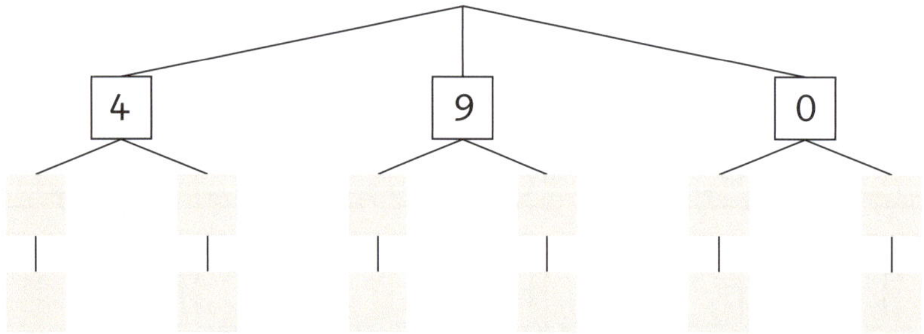

| 4 | 9 | 0 |

Das Diagramm hat mehrere Äste. Darum heißt es Baumdiagramm.

3

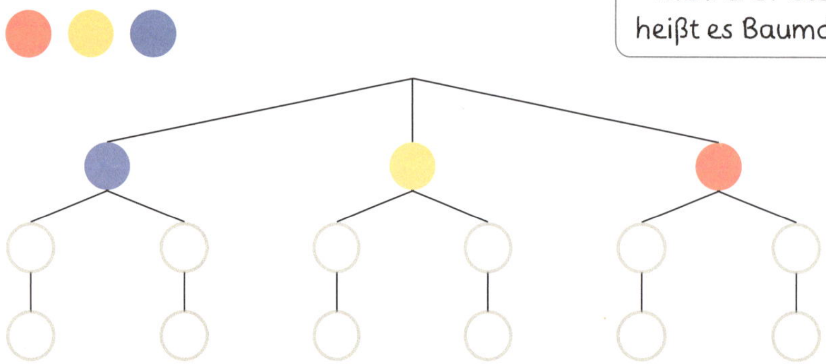

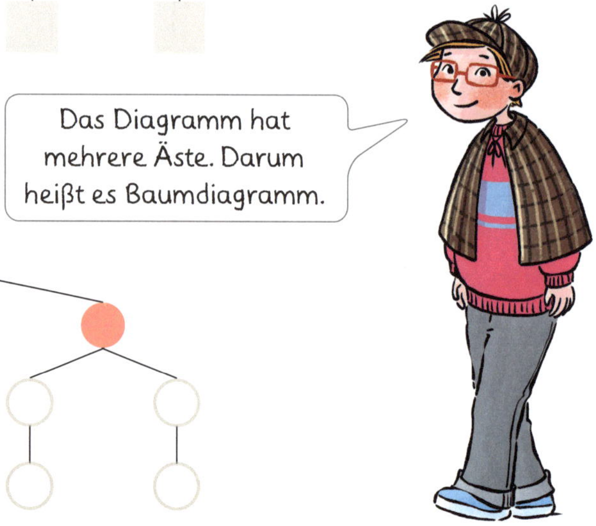

Die Aufgaben beziehen sich alle auf Kombinationen ohne Wiederholung.

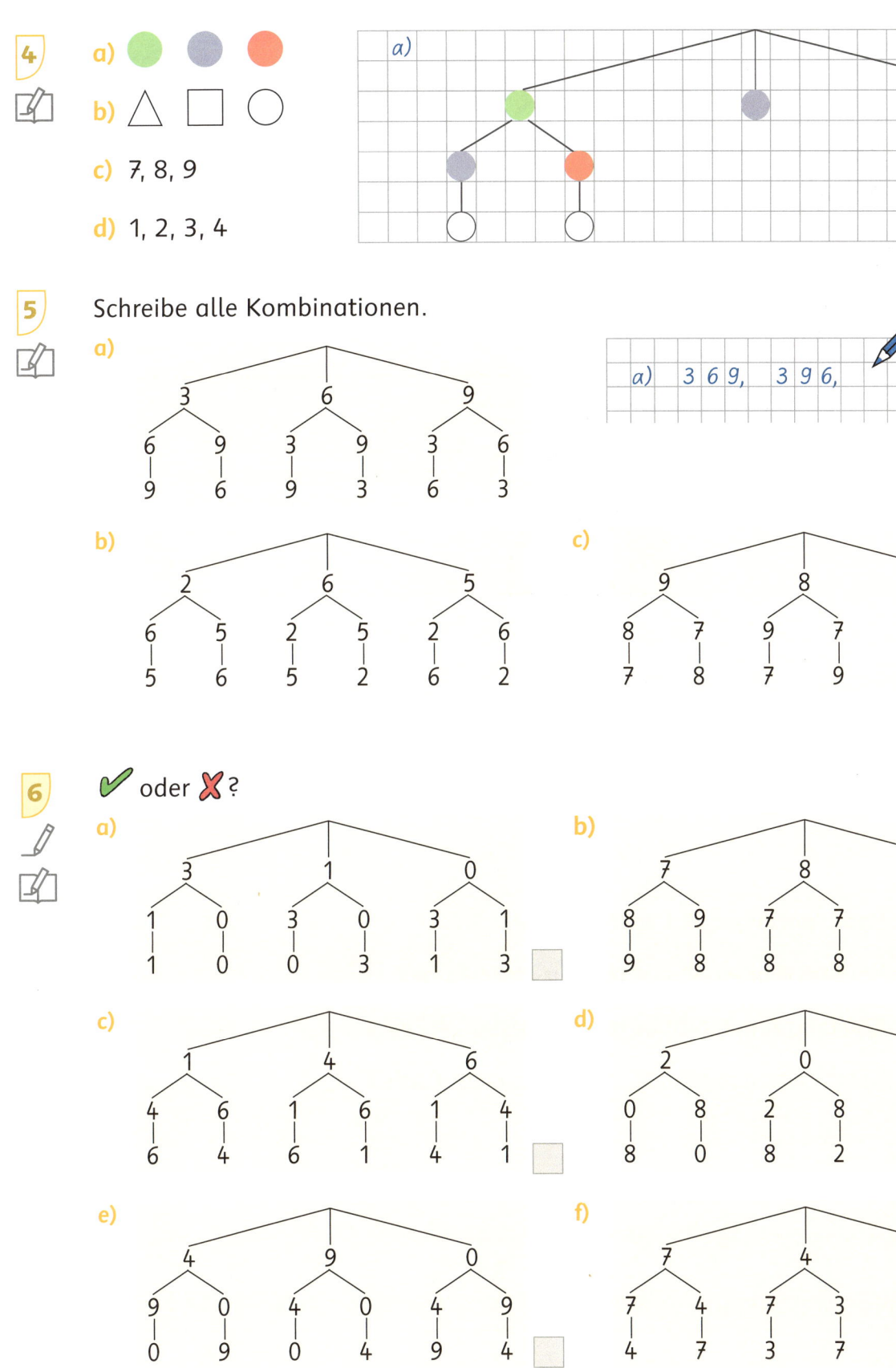

4
a) 🟢 🔵 🔴
b) △ ☐ ◯
c) 7, 8, 9
d) 1, 2, 3, 4

a)

5 Schreibe alle Kombinationen.

a)
```
    3       6       9
   6 9     3 9     3 6
   9 6     9 3     6 3
```
a) 3 6 9,   3 9 6,

b)
```
    2       6       5
   6 5     2 5     2 6
   5 6     5 2     6 2
```

c)
```
    9       8       7
   8 7     9 7     9 8
   7 8     7 9     8 9
```

6 ✔ oder ✘ ?

a)
```
    3       1       0
   1 0     3 0     3 1
   1 0     0 3     1 3
```

b)
```
    7       8       9
   8 9     7 7     7 8
   9 8     8 8     8 7
```

c)
```
    1       4       6
   4 6     1 6     1 4
   6 4     6 1     4 1
```

d)
```
    2       0       8
   0 8     2 8     2 0
   8 0     8 2     0 2
```

e)
```
    4       9       0
   9 0     4 0     4 9
   0 9     0 4     9 4
```

f)
```
    7       4       3
   7 4     7 3     7 4
   4 7     3 7     4 7
```

7 Mein Baumdiagramm: ☐ ☐ ☐

6. Diagramme im Heft korrigieren.

111

1

| 4 | 5 | 6 |

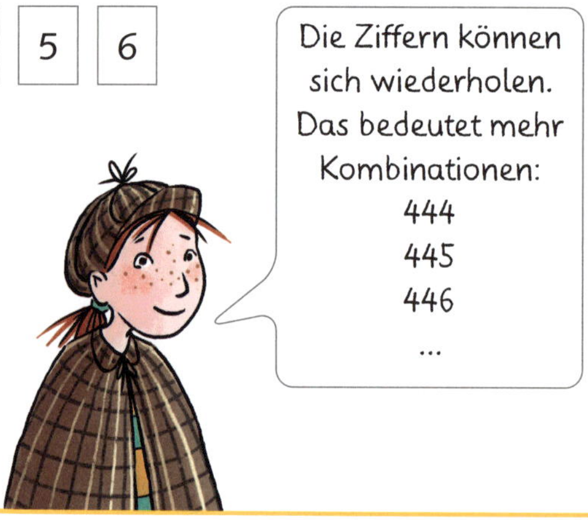

Die Ziffern können sich wiederholen. Das bedeutet mehr Kombinationen:

444
445
446
…

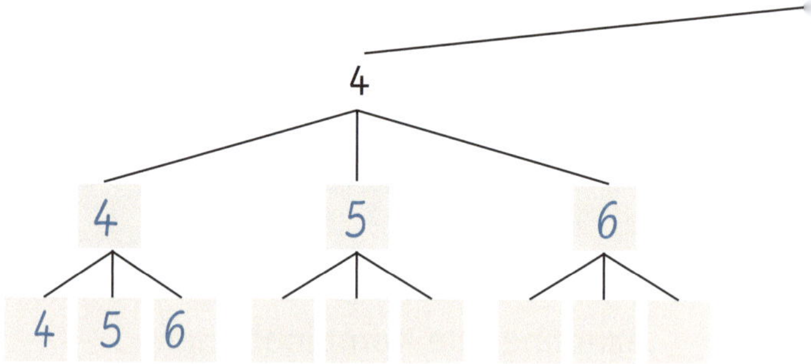

4

4   5   6

4 5 6

2

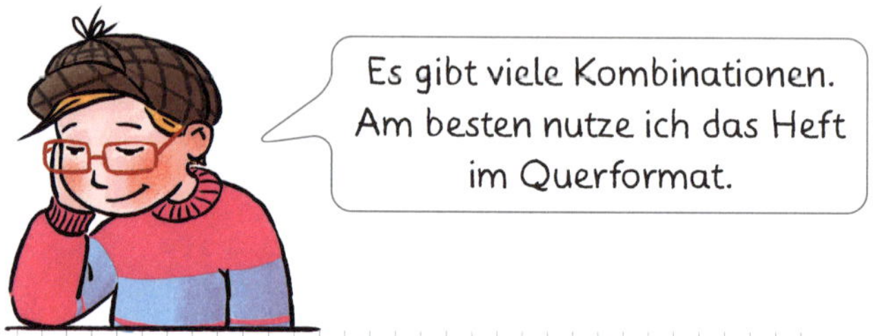

● ● ●

Es gibt viele Kombinationen. Am besten nutze ich das Heft im Querformat.

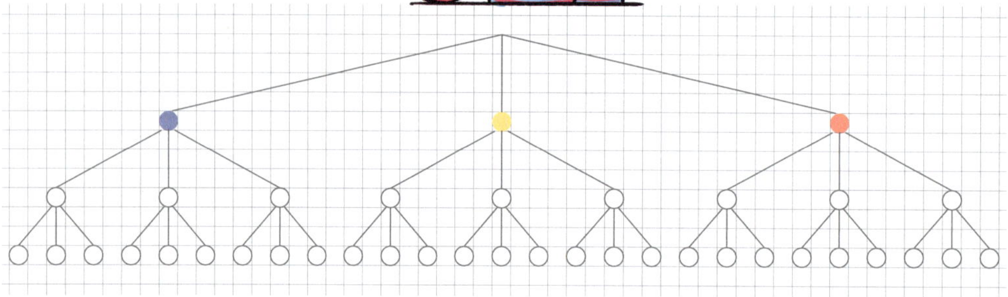

3 Wie viele Kombinationen gibt es insgesamt?

Wie viele Kombinationen gibt es mit nur einer Farbe?

Wie viele Kombinationen gibt es mit mindestens ● ● ?

Wie viele Kombinationen gibt es mit ● als erste Farbe?

4

| 1 | 2 | 3 | Welche Kombinationen sind möglich? ✔ oder ✗ ?

1	2	3	☐		3	2	3	☐		0	2	3	☐
1	1	3	☐		2	2	2	☐		1	1	2	☐
4	3	0	☐		4	2	3	☐		1	1	1	☐

---

1. Kombinationen mit 4, 5, 6 mit Wiederholungen in das Baumdiagramm eintragen.
2. Baumdiagramm mit Farben ins Heft zeichnen. Sinnvolles Vorgehen beim Zeichnen besprechen.

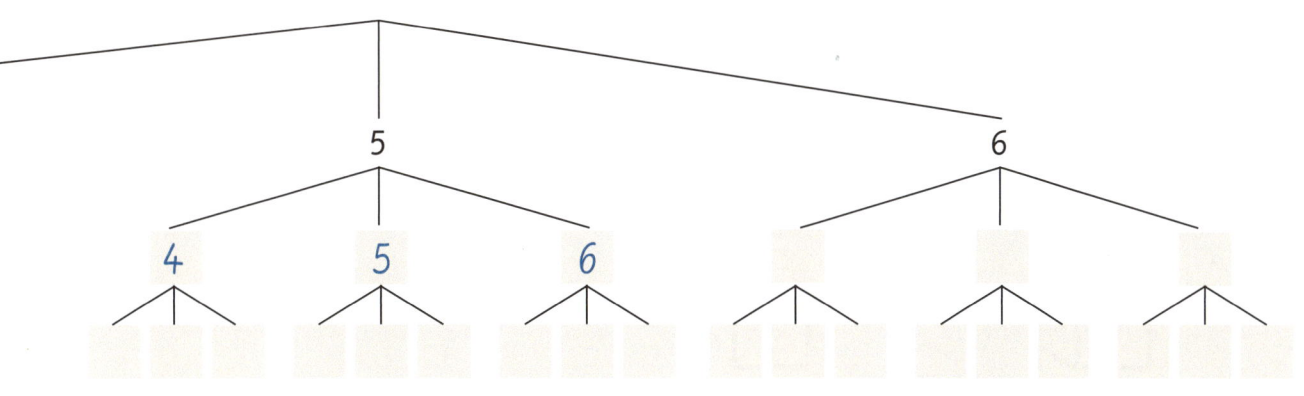

5 Welche Kombinationen fehlen?

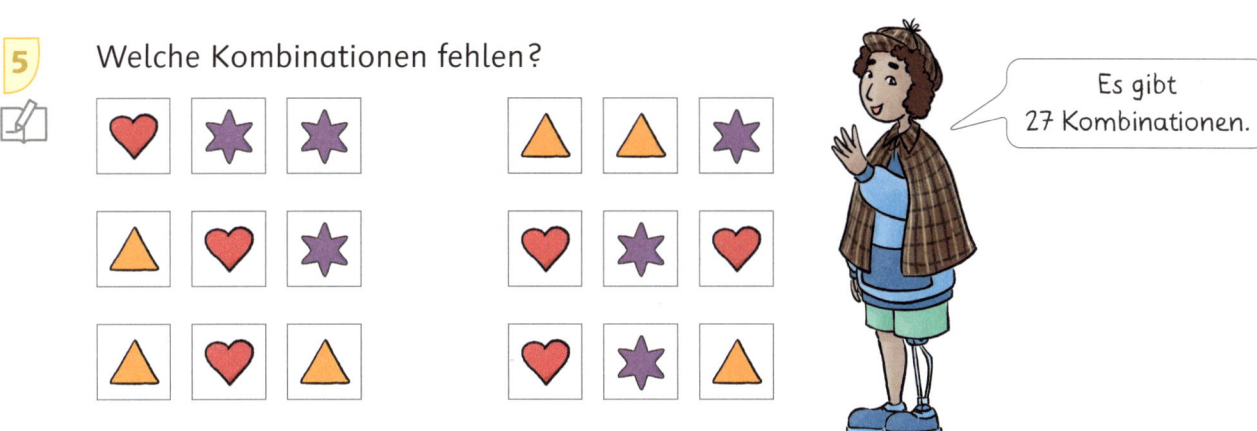

> Es gibt 27 Kombinationen.

6 Welche Kombinationen sind möglich?

Amari und Ella möchten in einem Fall ermitteln. Sie benötigen die richtige Kleidung und Ausstattung. Welche Kombinationsmöglichkeiten haben sie mit den Farben , ● und ●?

6. Ein Baumdiagramm mit den Kombinationsmöglichkeiten ins Heft zeichnen.

Merkwissen

Tausender, Hunderter, Zehner, Einer
 S.22

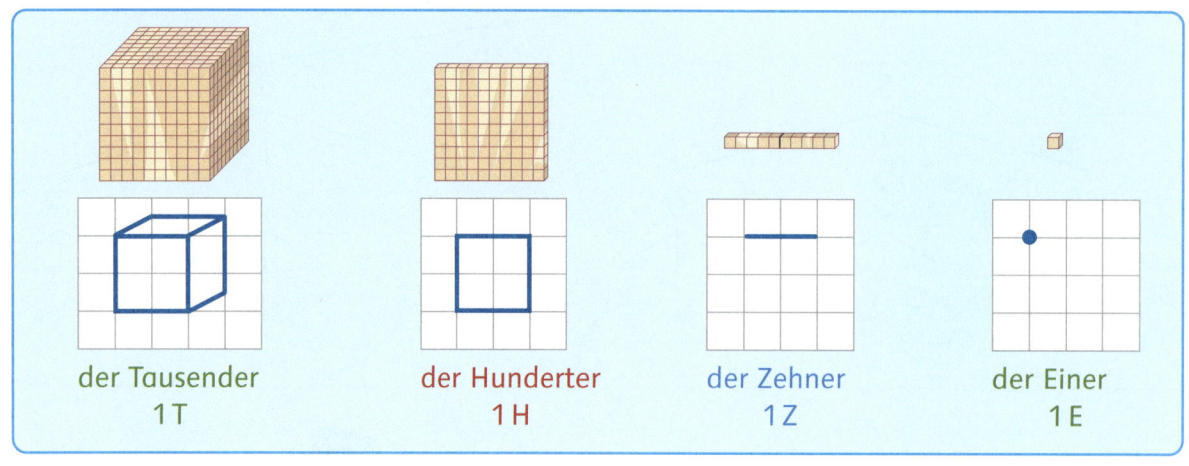

der Tausender	der Hunderter	der Zehner	der Einer
1 T	1 H	1 Z	1 E

Der Zahlenstrahl
S.34

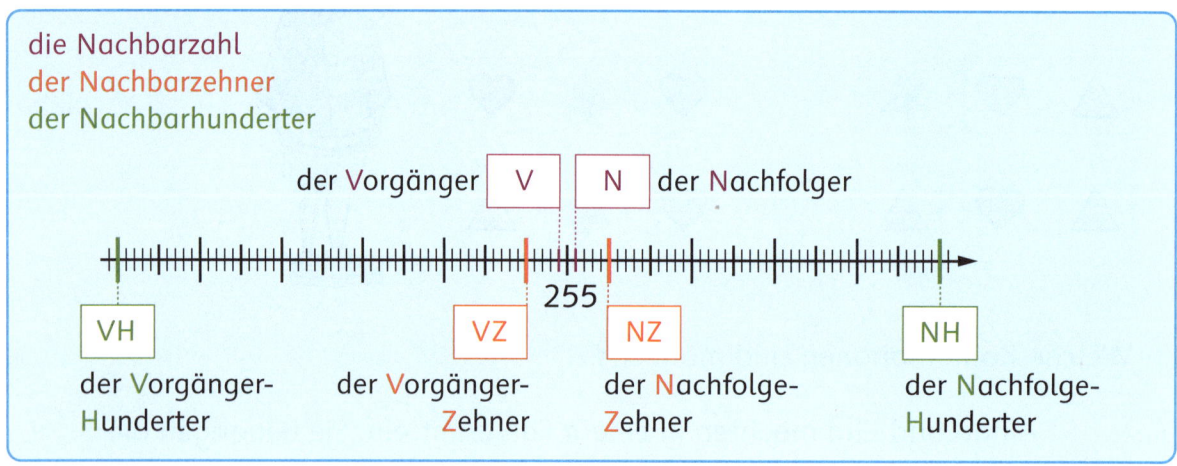

die Nachbarzahl
der Nachbarzehner
der Nachbarhunderter

der Vorgänger V N der Nachfolger

255

VH — der Vorgänger-Hunderter
VZ — der Vorgänger-Zehner
NZ — der Nachfolge-Zehner
NH — der Nachfolge-Hunderter

Die Körper
S.38, 39

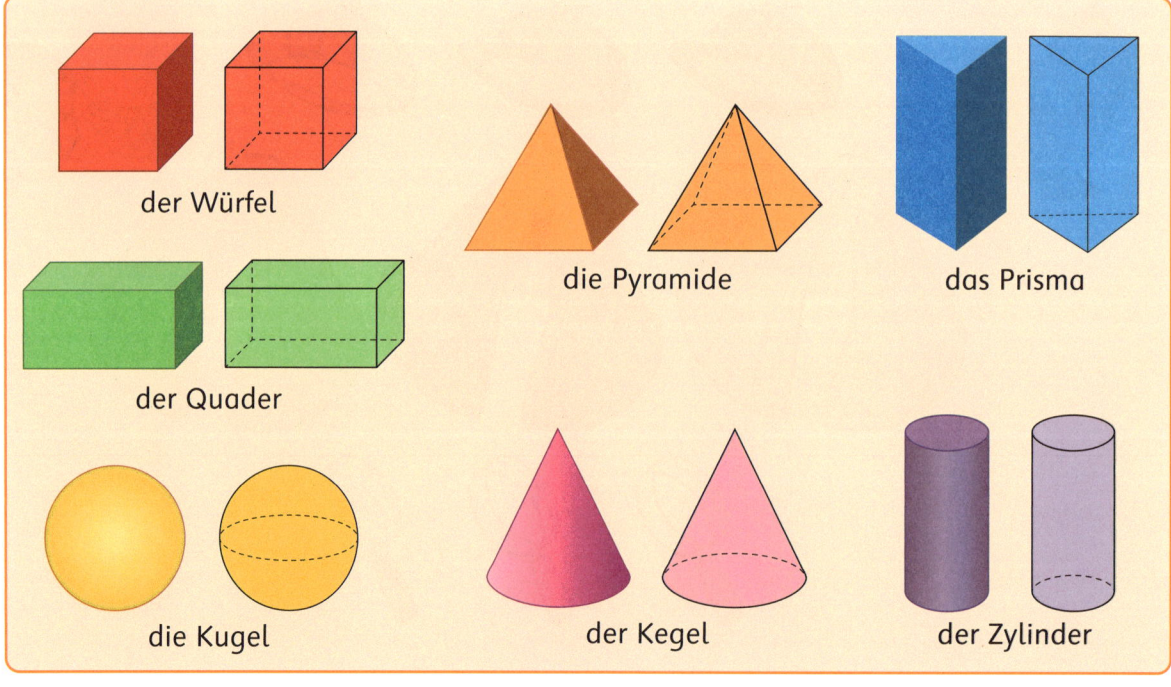

der Würfel

der Quader

die Pyramide

das Prisma

die Kugel

der Kegel

der Zylinder

Alle Rechenwege

S.66, 96

Riesen und Zwerge	Verliebt in den Hunderter	Die Hilfsaufgabe	Schrittweise addieren/ subtrahieren	Stellenweise addieren/ subtrahieren	Schriftlich addieren/ subtrahieren
👫	♡H	⭕	⌒⌒	H+H Z+Z E+E H-H Z-Z E-E	+/-
253+4 3+4	98+7 98+2+5	240+59 240+60-1	326+247=573 326+200=526 526+ 40=566 566+ 7=573	421+346=767 400+300=700 20+ 40= 60 1+ 6= 7	421 +396 ₁ 817
257-3 7-3	103-5 103-3-2	300-29 300-30+1	573-248=325 573-200=373 373- 40=333 333- 8=325	235-123=112 200-100=100 30- 20= 10 5- 3= 2	369 -128 241

Kombinatorik

S.108, 110

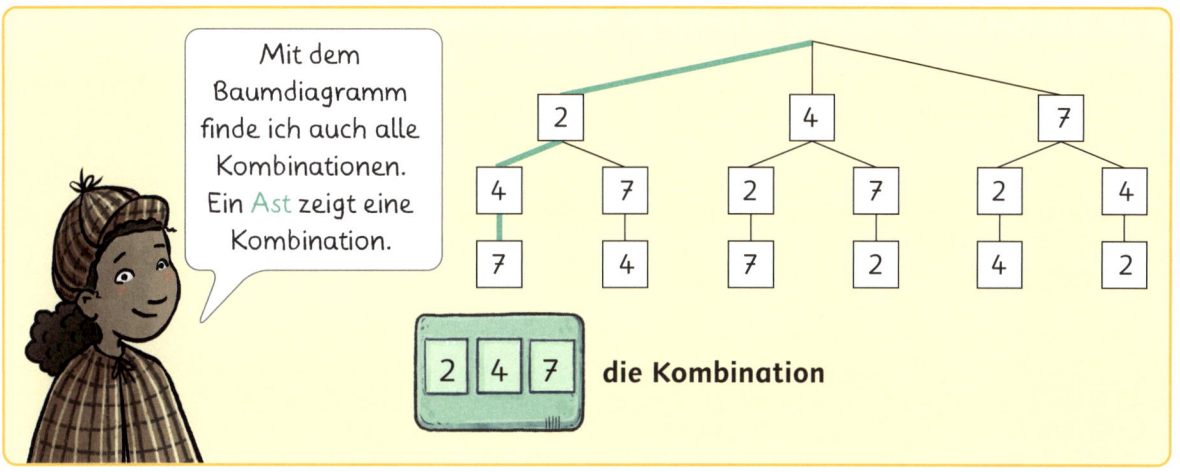

Mit dem Baumdiagramm finde ich auch alle Kombinationen. Ein Ast zeigt eine Kombination.

die Kombination

Scheine und Münzen

S.100

Euro €

Cent ct

Mathematik

Arbeitsheft 3A

Erarbeitet von:	Alexandra Freytag, Anna Harrich-Voßen, Gesa Hochscherff, Uwe Nienhaus, Anna Pöllinger-Miebach
Begutachtet von:	Christian Grulich
Redaktion:	Juliane Hasselbrink, Angela Lucke, Simone Micek
Illustration:	Friederike Ablang (Team Nase), Berlin, Antje Hagemann, Berlin, Christine Wächter (Körper, Dienes-Material), Berlin, Josephine Wolff (Eddi), Berlin
Bildquellen:	S.4, 14, 100, 102, 115 (Euromünzen): Cornelsen/Detlef Seidensticker/ Deutsche Bundesbank/Luc Luycx aus Belgien. S.4, 14, 100, 101, 102, 115 (Euroscheine): Cornelsen/Christine Wächter/ Deutsche Bundesbank
Umschlaggestaltung:	Corinna Babylon, Berlin
Layoutkonzept:	Heike Börner, Berlin
Layout und technische Umsetzung:	Cornelia Gründer, Leipzig und Marion Röhr, Mega 14, Berlin

Begleitmaterialien für die Lernenden
Einstiegsbuch	978-3-06-084951-2
Zahlen bis 1000. Kopfrechnen	978-3-06-084120-2
Halbschriftlich/Schriftlich rechnen plus und minus	978-3-06-084121-9
Größen	978-3-06-084122-6
Sachrechnen	978-3-06-084186-8
Geometrie	978-3-06-084471-5
Sicher in die 4. Klasse	978-3-06-084468-5

www.cornelsen.de

1. Auflage, 1. Druck 2024

Alle Drucke dieser Auflage sind inhaltlich unverändert und können im Unterricht nebeneinander verwendet werden.

Druck: H. Heenemann, Berlin

ISBN 978-3-06-084948-2